Edurard Jacobs

Das Jahr 813 n. Chr. - ein Beitrag zur Geschichte Karls des Grossen

Edurard Jacobs

Das Jahr 813 n. Chr. - ein Beitrag zur Geschichte Karls des Grossen

ISBN/EAN: 9783743451421

Hergestellt in Europa, USA, Kanada, Australien, Japan

Cover: Foto ©ninafisch / pixelio.de

Manufactured and distributed by brebook publishing software
(www.brebook.com)

Edurard Jacobs

Das Jahr 813 n. Chr. - ein Beitrag zur Geschichte Karls des Grossen

PROGRAMM

Friedrich-Wilhelms-Gymnasiums

zu

COTTBUS.

Schuljahr 1862 – 63.

Inhalt:

Das Bildchen zeigt die lithographische Nachbildung des Siegels, mit welchem die Seite 7, Anmerkung 1 besprochene Urkunde für den Sachsen Asig versehen ist. Karls Haupt ist, nach der Weise der griechischen Kaiser, mit dem Lorbeerkranze geschmückt; die Umschrift lautet: XP(ICT)E PROTEGE CAROLUM IMPERATOREM. (Bei Einhard und in den Urkunden wird der Name Karolus meist mit einem K geschrieben.) — Für die Zeichnung sind benutzt: Commentarii Franciae orientalis auct. I. G. ab Eckhart, tom. II, p. 91, Wirceburgi 1729 und Scheidius, origines Guelficae tom. IV, p. 411 tab. XII, Hannoverae 1753.

Das Jahr 813.
Zur Geschichte Karls des Grossen.

Kein Abschnitt der christlichen Zeit eignet sich wohl mehr für die lehrende Geschichtsbetrachtung, als die Regierungsjahre Karls des Grossen. Diese vier bis fünf Jahrzehnte sind als eine Durchgangszeit zu betrachten. Sie blickt zurück auf das Alterthum, dessen Erbschaft sie — namentlich seit der förmlichen Erneuerung des kaiserlichen Namens — bewusst antreten will. Zugleich aber zeigt sie eine ganz neue Geistes- und Völkerwelt. Karl ist mit Recht als der wahre Vertreter und als die herrlichste Blüthe des Stammes, dem er angehörte, betrachtet worden. Er vereinigte den festen christlichen Glauben, den deutschen Familiensinn mit den germanischen Königstugenden, indem er ein gerechter Richter, ein milder Herr und ein ausgezeichneter, von dem Heldengeiste jener Zeit beseelter Heerführer war.

Das Herrscherzeichen der alten Cäsaren ist der Lohn und die Frucht jener langen Jahrhunderte der Völkerwanderungen, denen Karl zuletzt nachdrücklich Stillstand gebot. Die deutsche Kraft sonnte sich geflissentlich im Glanze des freilich zunächst mehr geahnten als in seinem wahren Wesen erkannten Alterthums. Unter Karls Augen und unter seinem Scepter vereinigen sich alle Schöpfungen und Gestaltungen des christlichen Abendlands in Staat, Kirche und Wissenschaft, und das weltgeschichtliche Bewusstsein des deutschen Volkes gewinnt hier zuerst seine feste Ausprägung. (Die Quellen dieses Bewusstseins verfolgt freilich unser grösster vaterländischer Sprachforscher höher hinauf: Grimm, Gesch. d. d. Spr. II. 793). Das christlich-germanische Königthum strahlt im hellsten Glanze und wohl nie hat ein Mann auf einem Throne die Völker und Geister mehr beherrscht als Karl. Man könnte aber nicht sagen, dass er ein Gewaltherrscher gewesen sei.

Capefigue theilt passend Karls Regierungszeit in eine ländererobernde und in eine staatordnende (*époque conquérante* und *époque organisatrice*). Die erstere ist in mehrfacher Beziehung eine Vorbereitung zu der letzteren und diese verhält sich insofern zur ersteren, wie Frucht und Blüthe. Wenn man nun den kurzen Zeitraum eines Jahres aus dieser Zeit mit einiger Vollständigkeit und mit Benutzung aller zu Gebote stehenden Quellen darstellte, so würde uns eine solche Darstellung auf ähnliche Weise die Eigenthümlichkeit des ganzen Zeitabschnitts zeigen, wie uns der Querschnitt eines Baumes das Gefüge und Gewebe des ganzen Stammes zeigt. Dazu erscheint das Jahr 813 reich wie kaum ein anderes an Ereignissen, welche für die innere Geschichte von grosser Bedeutung sind. Wir heben hervor die engere Berathung Karls mit seinen Räthen zu Anfang des Jahrs, ferner die fünf geistlichen Provincial-Versammlungen mit ihren mannichfachen Bestimmungen, die durch die Menge der Vorlagen und Beschlüsse ausgezeichnete allgemeine Reichsversammlung, die höchst merkwürdige Kaiserkrönung Ludwigs. Und treten auch in diesem Jahre die kriegerischen Ereignisse sehr in den Hintergrund, so kommen doch theils feindliche, theils freundschaftliche Berührungen vor mit den Griechen und mittelbar mit den Bulgaren, mit afrikanischen und spanischen Saracenen, Abotriten, Normannen und Dänen. Auch die Namen der skandinavischen Länder Schweden und Westarfold (südöstl. Norwegen?) kommen wohl hier zuerst in der fränkischen Geschichte vor.

Anmerkung: Da ausser den Byzantinern und Eiahard hierorts keine Quellen für die vorliegende Arbeit vorhanden waren, so war die Beschaffung und Benutzung der Hülfsmittel nicht

1

wenig erschwert, und ich bitte daher wegen der etwa dadurch entstandenen Unebenheiten um freundliche Nachsicht. Bei einem kürzeren Aufenthalte in Berlin benutzte ich die Königliche Bibliothek. Ausserdem aber wurde ich durch die Freundlichkeit meiner ehemaligen Lehrer, der Professoren Leopold Ranke und Rudolf Köpke, der Professoren Müllenhoff, Niebuer und Paulus Cassel und meines Amtsgenossen Dr. Crain vom Wilhelmsgymnasium in Berlin mit mancherlei Hülfsmitteln unterstützt. Allen diesen Herren spreche ich meinen wärmsten Dank aus.

Karl in Aachen seit dem Anfang des Jahres.

Schon zu Anfang des Jahres hielt sich Karl in seinem Aachen[1] auf, welches er in seinen späteren Jahren zum dauernden Wohnsitz erkor.[2] Die Stadt wird schon früh als der Hauptsitz des Reichs und als die Königsstadt bezeichnet.[3] Sie kann als eigentlicher Sitz des Königs bezeichnet werden.[4]

Gesandtschaft nach Konstantinopel beim Anbruch des Frühlings.

Von diesem Hauptsitze des abendländischen Kaiserthums aus entliess Karl beim Beginn des Frühlings eine Gesandtschaft nach Konstantinopel, der Hauptstadt des griechisch-morgenländischen Reiches.[5] Die Gesandten waren der Bischof Amalhar von Trier[6] und der Abt Petrus von Nonantola bei Modena. Dem alternden Kaiser war sehr daran gelegen, durch einen festen Frieden der feindlichen Spannung zwischen beiden Reichen ein Ende zu machen.[7] Veranlassung zu Missverständnissen gaben die mehrfach sich durchkreuzenden Ansprüche beider Kaiserthümer, namentlich auf italienischem Boden. Bis zum Jahre 812 war man durch Vertrag dahin übereingekommen, dass der griechische Kaiser Venetien und den grössten Theil von Dalmatien und seine Besitzungen in Süditalien nebst Sicilien, Karl hingegen Istrien, Liburnien und das nördliche Italien behalten und ausserdem von Byzanz als Kaiser anerkannt werden sollte.[8]

Genaueres über die in Rede stehende Gesandtschaft erfahren wir nicht, als dass sie die Bestätigung des Friedens mit Kaiser Michael I. Rhangabe (Kuropalates) bezweckt habe.[9] Aber ihn fanden die fränkischen Gesandten nicht mehr auf dem Throne, sondern sie wurden Zeugen einer gewaltsamen Umwälzung und von Ereignissen, wie sie das altersschwache und zugleich so anspruchsvolle griechische Kaiserthum nur zu oft aufwies.

Umwälzung im griechischen Reiche.

Das Reich hatte nämlich einen furchtbaren Feind in den zu jener Zeit auf der Höhe ihrer Macht stehenden Bulgaren[10] erhalten, mit denen bald genug auch die Franken zu thun bekommen sollten. Ihr Fürst oder Chan Krum,[11] den die Griechen einen zweiten Sanherib nennen,[12] eroberte im Jahre 813 Mesembria und drang plündernd in Thrakien ein.[13] Der Kaiser Michael suchte dem weitern Kampfe vorzubeugen und zeigte sich zum Frieden geneigt. Aber die Verhandlungen scheiterten an dem Widerstande des Senats. Derselbe wollte, nach dem Vorgange Theoktists, nicht in die für schimpflich gehaltene Bedingung willigen, dass beiderseits die Ueberläufer ausgeliefert würden.[14] Da unternahm Krum im Jahre 813 einen neuen Zug. Es kam am 22. Juni zu einer Schlacht bei Bersinikia[15], worin Michael geschlagen wurde. Das griechische Heer zeigte sich so erbärmlich, dass Krum, als er die Feinde fliehen sah, erst seinen Augen nicht trauen wollte und an eine Kriegslist dachte. Die Niederlage der Griechen war eine vollständige. Der Kaiser floh nach der Hauptstadt, die er schon am 24. Juni erreichte. Den Befehl über das Heer überliess er dem Patricius Leon, dem Sohne des Bardas, einem Armenier.[16]

---

[1] Ein. ann. 813 Pertz SS. I. p. 200. Chron. Moissiac. 813 p. 259. [2] Was sich am besten aus Böhmers Regesten ersehen lässt. Vgl. Ein. v. K. M. c. 22: (Aquisgrani) extremis vitae annis usque ad obitum perpetim habitavit. [3] Urbe Aquensis (so hergestellt aus Frankenhofensis von Grotefend.) urbe regalis, sedes regni principalis begint ein gleichzeitiges Klaggedicht auf den Tod Karls (hinter Pertz Octav-Ausgabe von Einards L. K. d. Gr. p. 43. [4] Vgl. Waitz d. Verf. Gesch. III. S. 218 f. [5] Ein. ann. p. 200 Chron. Moiss. 259. [6] Ann. Monaster. Pertz SS. I. p. 154. Amalarius Trevereneis archiepiscopus Constantinopolim missus. [7] Ein. v. K. M. c. 16. Cum quibus [impp. Cplitanis] foedus firmissimam statuit, ut nulla inter partes euiuslibet scandali remaneret occasio. Daher die häufigen Gesandtschaften. S. Ein. ann. 802, 803, 810 — 813. Karl wollte das Ostreich und das Westreich durch einen festen Frieden verbinden (pacem inter orientale atque occidentale imperium stabilire. Karls Brief an Alkuin Alc. opp. II. 561). [8] Ein. v. K. c. 15. Vgl Duemmler. Ueber die südöstlichen Marken des fränk. Reichs unter den Karolingern S. 15. [9] Ein ann. p. 200: ad confirmandam cum Michaele imperatore pacem. [10] S. über dieses ursprünglich uralisch-finnische Volk Schafarik Sl. Alterth. deutsch v. Ahrenfeld II., 152 — 236. [11] Κροῦμος (Kedrenos), Κρούμμος (Theophanes), Κρούμος (Fortsetzer d. Theophanes). [12] ὁ δὲ νέος Σενναχειρὶμ Κρούμμος Theoph. I, 785 ed. Bonn. [13] Theoph. I, 780 ed. Bonnens. Anast. hist. eccl. ex Theoph. II. ed. Bonn. II., 282. [14] Theoph. contin. p. 13 ed. Bonn. [15] Theoph. I. 781 ed. Bonn. Anast. hist. eccl. Theoph. II., 282 (Versiniciae). Vergl. Schafarik II., 174. [16] Leons Herkunft: Georg. mon. vita Leon. ed. Bonn. p. 764; Theophan. cont. c. 6 f.

Da wurde im Lager diesem Leon die Kaiserkrone angeboten, und es wurde von Einigen **Leon V. der**
so dargestellt, als sei er erst dazu genöthigt worden, zum Heil des Reiches und der Christen- **Armenier**
heit die Herrschaft zu übernehmen, die sich bei Michael in zu schwachen Händen befinde.[1] **11. Juli 813**
Nikephoros, der Patriarch, war für Leon und krönte ihn am 11. Juli. **gekrönt.**
Die Urtheile über den neuen Kaiser und die Berichte über seine Thronbesteigung lauten
sehr widersprechend. Die meisten sagen, er habe aus Ueberlegung, um auf den Thron zu
gelangen, das Heer der Griechen verrätherischer Weise der Gefahr preisgegeben, um so das
Vertrauen zu Michael zu untergraben. Nach der Flucht desselben musste er als der starke
Arm des Reichs gelten und Aller Blicke auf sich lenken. Die Nöthigung zur Annahme der
Kaiserkrone soll auch nur eine Komödie gewesen sein. Aber der völlig gleichzeitige Theo-
phanes lässt den Leon als einen rechtschaffenen und tapferen Mann erscheinen und der völlige
Umschwung in der Beurtheilung des Königs fällt in spätere Zeit, wo er als Bilderfeind ei-
nen gewaltigen Hass gegen sich heraufbeschwor.[2]
Michael, den so plötzlich jener schmerzliche Schlag des Geschickes betraf, war entrüstet **Michael und**
über Leons Treulosigkeit, als er dessen Einzug in Konstantinopel und seine Proclamation zum **der Seinen**
Kaiser erfuhr. Im Uebrigen behielt er seine Fassung.[3] Er flüchtete mit Weib und Kin- **Schicksal.**
dern in die Kapelle Pharos.[4] Leon liess ihn zum Mönch mit dem Namen Athanasios scheе-
ren und verbannte ihn auf die Insel Proti.[5] Hier lebte er 32 Jahre von einem von Leon
für ihn ausgesetzten Jahrgehalt. Ebenso wurden Michaels 20jähriger Sohn Theophylakt
und sein zweiter Sohn Niketas ins Kloster gesteckt. Ersterer erhielt den Namen Eustra-
tios, Letzterer wurde Ignatios genannt; Prokopia, die männische Gattin des entthronten,
für die Verhältnisse zu weich gearteten Kaisers, musste den Schleier nehmen und in das
gleichnamige Kloster wandern.[6]
Solches geschah im morgenländischen Reich, und die fränkischen Gesandten übergaben
ihre Vollmacht in des neuen Kaisers Hände. Aber der Abschluss des Friedens durch Leon,

---

[1] Nach der Darstellung der meisten byzantin. Schriftsteller (Forts. d. Theophanes, Kedrenos,
der Mönch Georg) war die Niederlage eine Folge der Ränke Leons. Erstlich soll er Michaels Bemühungen, dem Kampfe auszuweichen, als Feigheit darzustellen gesucht, und nach der Niederlage gesagt
haben, es sei nicht in der Ordnung, dass ein Hirsch über Löwen herrsche. (Μὴ ἂν ἔλαφον ἐκεῖνο
δὴ τοῦ μύθου ἡγεῖσθαι λεόντων καλὸν ἔλεγεν εἶναι Theoph. cont. c. 6 p. 16). Ein Mensch,
der gleich nach verlorener Schlacht zu seinem Weibe flieht, während er Männern die Schlacht über-
lasse, eigne sich nicht zum Kaiser. Kedrenos berichtet folgendermassen: Εὐρώσαντας δὲ τῶν Ῥω-
μαίων ὑποστάντων τοὺς πολεμίους ἠρώϊκῶς τε καὶ ἀνδρείως ἀγωνιζομένων ἐδαπανᾶτο τὰ
τῶν Βουλγάρων, καὶ εἰς παντελῆ ἂν ἀφείδει ὑπαγωγὴν (ἤδη γὰρ καὶ αὐτὸς ὁ Κροῦμος
ὑπέκαμεν ἀπανιγροῦ ἐξιππαζόμενος καὶ τὰ πονοῦντα τῶν στρατευμάτων ἀναλαμβάνων),
εἰ μὴ Λέων, ὁ τῶν ἀναιολικῶν στρατηγὸς τῆς βασιλείας ἐρῶν καὶ τὰ ὑπ' αὐτὸν διαφθεί-
ρας τάγματα σὺν αὐτοῖς τὴν τάξιν ἀπολιπὼν ᾤχετο φεύγων αἰτίας χωρίς. Schon der Com-
mentator zum Theophanes (tom. II. ed. Bonn. p. 667) weist auf die Unwahrscheinlichkeit hin, dass Leon
die Niederlage durch Verrath herbeigeführt habe. Der Verfasser der Lebensbeschreibung des heiligen
Nikolaos Studita erwähnt nicht, dass Leon, wie man sonst sagt, durch Geschenke des Heer für sich gewonnen
habe, und auch er lässt der Tapferkeit Leons ihr Recht widerfahren. Der Leon feindliche Forts. des
Theophanes führt auch an, dass Andere die Schuld der Niederlage nicht auf Leon würfen: εἰσὶ δ' οἳ
καὶ τὰς δυνάμεις μᾶλλον τῷ Λέοντι διδόασι διασῶσαι καὶ καρτερικῶς ἀγωνίσασθαι τῶν
βασιλικῶν ἐθελοκακησάντων καὶ τὴν οἰκείαν προδεδωκότων παράταξιν, ἀλλ' οὐ τοῦ κατὰ
τὸν Λέοντα μέρους. cont. Theoph. p. 15 ed. Bonn. Bringt man nun den Hass, den Leon bald als
Bilderstürmer auf sich lenkte, in Anschlag, so wird man geneigt sein müssen, die ihn anschuldigenden
Berichte mit Vorsicht aufzunehmen. [4] Michael, heisst es, übergab Leon den Oberbefehl: ὡς εὐσεβεῖ
καὶ ἀνδρειοτάτῳ Theoph. p. 783. Nachher soll Theophanes der Ueberdruss an dem ketzerischen
Kaiser sein Werk nicht fortgesetzt haben. Wegen seines Gesinnungswechsels werde er χαμαιλέων
(man wird das Wortspiel mit Λέων nicht verkennen) genannt. Sym. mag p. 603 bezieht es auf eine
kleine Gestalt). Gewaltig zieht Constant. Manasses gegen Leon los (v. 4635 ff. [2] Theoph. cont. p. 17—18
ed. Bonn. [3] cont. Theoph. p. 19; dagegen Theophanes (vielleicht ein Versehen?) εὐπτχρείῳ τοῦ φόρου
(übersetzt: oratorium quod ad forum est). [4] Georg men. et lug. v. Leon. ed. Bonn. 770. Schon damals
Proti gespr., wie sie noch jetzt heisst. Es ist eine von den Demonesei oder Prinzen-Inseln in der
Propontis, am Eingange des Bosporus. [6] Hist. de Leone ed. Bonn. p. 340 ff cont. Throph. c. 10 p.
20 — 21 ed. Bonn. Const. Man. v.4676 ff.

1*

die Rückkehr Amalhars und Peters **und** die Ankunft einer griechischen Gesandtschaft in Aachen fanden erst nach Karls Tode statt. [1] Die erzählten Ereignisse hatten aber für das Verhältniss von Morgenland und Abendland eine damals kaum zu ahnende mittelbare Bedeutung. Nach der Besiegung Michaels nämlich übertrug Krum die Belagerung Adrianopels seinem Bruder, er selbst zog gegen Konstantinopel und verwüstete die Umgebung von Blacherna bis zum Goldthor. [2] Aber durch List und Kühnheit wusste Leon ihn zum Abzug zu nöthigen. [3] Aus Aerger führte er wenigstens Schaaren von Griechen in die Gegenden jenseits der Donau, das heist in das ehemals römische Dacien. [4] (Wallachei, Ungarn).

Durch diese Gefangenen nun wurde mit dem Christenthum das griechisch-morgenländische Kirchenthum bei den Völkern dieser ausgedehnten Gegenden verbreitet [5] und so hier der abendländischen Kirche ein bedeutendes Gebiet vorweggenommmen. Bis in die Gegend von Pest hatten die Bulgaren, seit dem Sturz des Avarenreichs durch Karl ihre Herrschaft ausgebreitet. Der östliche Theil jenes Reichs war ihnen selbst zugefallen. [6] Das fränkische und das Bulgarenreich waren also Nachbarn geworden. [7] Aber Karl enthielt sich des Angriffs auf das Bulgarenreich, weil es ihm wohl noch zu fern lag. [8] Hier liegen, wie so oft in der Weltgeschichte, die Keime zu grossen Entwickelungen in wenig beachteten unscheinbaren Ereignissen.

Im Mai hatte Karl den Schmerz, ein grosses Werk, nämlich die fünfhundert Schritt lange [9] Rheinbrücke bei Mainz durch Feuer zerstört zu sehen. [10] Kaum war dieser für jene Zeit wunderbare Bau, an welchem man zehn Jahre gearbeitet hatte, fertig geworden. Nun brannte er gänzlich ab und drei Stunden vernichteten das mühsame Werk von zehn Jahren, so dass kein „Span" von dem Holzwerk über dem Wasser übrig blieb. [11] In Karls Umgebung wusste man den Grund dieses Brandes nicht, und es muss dahingestellt bleiben, ob durch Räuber oder durch irgend eine Absichtlichkeit jene schöne Arbeit vernichtet worden sei. [12] Karls Tod, der auch für die Werke der Architectur und Kunst allzufrüh eintrat, verhinderte es, dass sein grosser Gedanke ausgeführt wurde, die zerstörte Holzbrücke durch eine massive steinerne zu ersetzen. [13] Noch andere Werke dieser Art hatte Karl begonnen, deren Ausführung aber theils die unvollkommene Technik jener Zeit, theils Karls frühzeitiger Tod verhinderte. [14]

Wie gross Karls Gedanke war, lässt sich am besten darnach ermessen, dass mehr als

[1] Ein. ann. 814. [2] Theoph. I. p. 783. Georg. mon. v. Leon. p. 764 ed. Bonn. [3] Sym. mag. v. L. p. 612. [4] Εἰς Βουλγαρίαν ἐκεῖθεν τοῦ Ἴστρου ποταμοῦ. Leo grammat. hist. de Leone ed. Bonn. p. 345. Theoph. cont. c. 4 ed Bonn. p. 216 (κατῴκισε πέραν τοῦ Δανουβίου). Georg. mon. de Michaële et Theodora c. 11. ed. Bonn. p. 617. Duemmler a. a. O. S. 29. [5] Theoph. cont. v. 216 — 217: πολλαχοῦ τὰ τῆς Χριστιανικῆς διδασκαλίας κατεβάλλοντο σπέρματα, τῆς ἐθνικῆς τοὺς Σκύθας πλάνης μεθέλκοντες καὶ πρὸς τὸ τῆς θεογνωσίας μετάγοντες φῶς. Muratori Gesch. v. Ital. weist namentlich auf den Erzbischof und Märtyrer Emanuel (Μανουήλ) von Adrianopel hin. Duemmler a. a. O. S. 9. [6] Daher Krom 814 mit Avaren und Slaven gegen Konstantinopel zieht. Leo. gr. h. d. Leone p. 347: ὁ Κροῦμος ἐστράτευσεν λαὸν πολὺν συναθροίσας καὶ τοὺς Ἀβάρεις καὶ πάσας τὰς Σκλαβινίας. [7] Schafarik Sl. Alt. II. 174. Duemmler Südöstl. Marken S. 10. [8] Der Mönch v. St. Gallen sagt: A Bulgaribus vero ideo manum retraxit, quia videlicet Hunis (scil Avaribus) extinctis regno Francorum nihil nocituri viderentur. De g. Kar. M. I. [9] Ein. v, Kar. c. 17. [10] Ann. Ein. v. Kar. c. 17. Ann. Quedlinb. ann. Wireeb. II. p. 240. [11] Ein. v. Kar. c. 32: pons Hreni apud Mogontiacum, quem ipse per decem annos ingenti labore et opere mirabili de ligno ita construxerat, ut perhenniter durare posse videretur, ita tribus horis fortuitu incendio deflagravit, ut praeter, quod aqua tegebatur, ne una quidem hastula ex eo remanerit. [12] Ann. Wireeb. II.: Pons apud Mogontiam combustus est, quia latrones nocte, hominibus in Rneum projectis, rapiebant praedam. Einhard wusste, wie die vorige Stelle zeigt, nicht den Grund des Brandes. Wenig Werth hat des Schotten Marianus (11. Jahrh.) Nachricht, der Erzb Rieulf von Mainz habe die Brücke abbrennen lassen, weil auf ihr öfters Todtschläge vorgekommen. Das Letztere deuten auch die Würzburger Annalen an (v. Eckhart, F. O. II. p. 76 n. 29). Der Mönch von St. Gallen sagt, Leute, die früher hier das Fahrgeld erhoben, hätten sie böswillig angezündet. (De g. Kar. M. I. c. 30). Lehrreich ist des Mönchs Mittheilung über die Ausführung solcher Bauten. Sie wurden durch die Herzoge, Grafen und deren Stellvertreter mit Anbietung aller ihrer Leute zu Stande gebracht. [13] Ein. v. K. c. 17: Qui (pons) deflagravit, nec reifici poteit propter festinationem illius decessus, quanquam in ea meditatione esset, at pro ligneo lapideum restitueret. (cf. Poeta Saxo a. 813: quod reparare volens, fieret quo saxeus ille pons). [14] Ein. v. K. c. 17: Opera plerima — diversis locis inchoavit, quaedam etiam consummavit. Inter quae est.

ein Jahrtausend verfloss, ehe man das stets vorhandene Bedürfniss befriedigte, an diesem so wichtigen Uebergangspunkte, dessen Bedeutung Karl schon richtig erkannte, eine feste Brücke über den Strom zu schlagen. Erst die jüngste, durch das Eisenbahnwesen zu vielen grossartigen Tunnel- und Brückenbauten genöthigte Zeit hat auch bei Mainz vollendet, was Karl mit so unvollkommenen Mitteln theils schon ausgeführt hatte, theils noch grossartiger ausführen wollte. Die feste eiserne Eisenbahnbrücke bei Mainz hat auch in dieser Weise des grossen Karl Gedächtniss aufgefrischt.

In demselben Maimond, und zwar am neunten d. M., liess der Kaiser auf seinem Schloss zu Aachen dem Sachsen Asig oder Adalric eine noch vorhandene Urkunde ausstellen, welche zu den wichtigsten Ueberresten aus jener fernen Zeit gehört. [1] Der Vater jenes Asig, Hiddi, gehörte zu jenen Sachsen, welche als treue Anhänger Karls während des grossen Sachsenkrieges ihr Vaterland verliessen und in andern Gegenden Karls Schutz suchten. Hiddi hatte sich zuerst nach dem Orte Vulvisangar (Wolfsanger) gewendet, wo damals Sachsen und Franken vermischt wohnten. Aber hier konnte er nicht bleiben, und er zog weiter nach Havacabrunno, einem Orte in dem lieblichen, bergigen, aber wenig fruchtbaren Bochoniawald zwischen Weser (Wiseraa) und Fulda (Fuldaa). [2] Er hinterliess seine Besitzungen jenem Sohne Asig oder Adalric. Karls Königshoten nahmen später jenen Wald, als einst zum Besitzthum des Herzogs Gerhao [3] gehörig, in Anspruch. Aber der Kaiser wollte die Treue Asigs und seines Vaters Hiddi belohnen und schenkte daher dem Asig auf dessen Bitten jenes Besitzthum, welches man auf sächsisch mit „Bifang" [4] bezeichnet, erbund eigenthümlich mit der Zusicherung seines kaiserlichen Schutzes. Karl fügte noch hinzu, dass er so jedem Getreuen, der eine gerechte Bitte vor ihn bringe, Aehnliches gewähren würde. [5]

Darauf verliess Karl noch im Mai zum ersten Mal Aachen, um es nur noch einmal im October auf kurze Zeit zu verlassen. Beide Male geschah es, um der Jagd, die des Franken grösste Lust war [6], obzuliegen. Wie gewöhnlich fand sie im Ardennerwald statt. [7] Aber nicht lange konnte er sich des Weidwerks freuen, denn die Fussgicht fesselte die alternden Glieder und nöthigte ihn, zu seiner aachener Pfalz zurückzueilen. Schon am 5. Juni war er wieder dort. [8]

Bei weitem die wichtigsten Ereignisse dieses Jahres waren die zahlreichen Versammlungen, welche Karl theils zur Ordnung der kirchlichen und weltlichen Angelegenheiten, theils zur Krönung seines Sohnes zum Mitkaiser und einstigen Nachfolger berief. Vornehmlich die Ordnung und Förderung der kirchlich-religiösen Angelegenheiten bezweckten die

Marginal notes:

9. Mai. Urkunde für den Sachsen Asig.

Mai bis 5 Juni Karl auf der Jagd im Ardennerwald.

Berufung von 5 Provincial-synoden.

---

[1] Als sehr wichtige Urkunde bezeichnet sie mit Recht Böhmer (regg. 201). Das Original befindet sich jetzt in Berlin. Ausgeschrieben ist die Urkunde bei Scheidt origg. Guelficae IV. 411 mit Facsim. Falke 377 mit Facsim und Siegel. Mabillon de re diplom. 511 m Facsim und Siegel. Der Anfang enthält Karls vollständigen Titel: In nomine patris et filii et spiritus sancti. Karolus serenissimus Augustus a Deo coronatus, magnus pacificus imperator Romanum gubernans imperium, qui et per misericordiam Dei rex Francorum et Langobardorum. Zum Schluss heisst es: Witherus diaconus ad vicem Hieremie recognovit et subscripsi. Data VII. Id Maii, anno Christo propitio imperii nostri XIII., regni vero in Francia XLV atque in Italia XXXVIII, Indictione VI. Actum Aquisgrani palatio regio in Dei nomine feliciter Amen. Eine ähnliche Schenkungsurkunde Böhmer 197. Mir war Scheidt's Abschrift zur Hand. [2] Die silva quae vocatur Bochonia, grösstentheils im heut. Kurhessen gelegen, ist noch unter dem Namen Buchonia oder Buchgau (um Fulda) bekannt. Später heisst die Gegend auch wohl das westliche Grabfeld und bildete dann den grössten Theil des Gebiets der Abtei Fulda. [3] v. Eckhardt F. Or. II. 76 hält jenen dux Gerhao für identisch mit dem Geroldus dux Baioariae. Dieser starb, ohne Erben zu hinterlassen, und viele der ihm verliehenen Güter fielen zum Fiskus zurück. Bei Gelegenheit dieses Diploms erinnert v. Eckhart noch daran, dass Karls Kanzler Ercambald (u. über diesen würdige Mitglied von Karls gelehrter Umgebung das Gedicht Theodulfs von Orleans, wo derselbe Karls Hof beschreibt) um diese Zeit Karls Hof verlassen und bald darauf gestorben sein müsse, da von jetzt an sein Name nicht mehr in den Urkunden erscheint. [4] Biuuane. Bifang ist nach Grimm (Wörterbuch) ein schmales Beet zwischen zwei Furchen. Nach Schmeller (I. 549) bedeutet Bifang Balke, Ackerbalke, bifangen schweizerisch einzäunen, „befangen", umfangen. Allmählich — und so ist es auch im vorliegenden Fall — drückt Bifang auch ein bestimmtes Landmass aus, wie ein Acker. [5] Cuius petitionem non abnuentes sicut unicuique fidelium nostrorum iuste et rationabiliter petentium. Scheidus II p. 411. [6] Ein. v. Kar. c. 22: Exercebatur amidue equitando ac venando, quod illi gentilicium erat; quia vix ulla in terris natio inveniatur, quae in hac arte Francis possit aequari. [7] Ein. ann. p. 200. [8] Ein. ann. S. Boehmer regg.

kirchlichen Provincialsynoden, deren Zusammentritt Karl wahrscheinlich zn Anfang des Jahres verfügte. Es geschah dies durch Briefe an die Erzbischöfe von fünf Metropolitanstädten Franciens oder seines Reiches diesseits der Alpen. [1]) Diese Briefe enthielten Ermahnungen und Erinnerungen (daher *ammonitiones*, *capitula* [2]) an die Geistlichkeit, über kirchliche Verbesserungen und über Alles, was dem christlichen Volke in Beziehung auf Religion und Sittlichkeit Noth that, zu berathen. [3]) Es wurde auf die zu behandelnden Fragen und auf die Beseitigung vorhandener Uebelstände hingewiesen.

Das ganze Ergebniss der synodalen Berathungen musste auf der grossen Reichsversammlung von Karl geprüft und bestätigt werden. [4]) So sollten dann die Versammlungen stattfinden: in Mainz für Austrasien, in Reims für Neustrien, in Tours für Aquitanien, in Chalons s. *Saône* für Burgund, in Arles für das narbonensische Gallien. [5]) Ist nun auch das Capitulare an die Erzbischöfe, welches in einer frühern Versammlung des Jahres entworfen sein muss, nicht vorhanden, so lässt sich doch dessen Inhalt im Allgemeinen aus den Concilienacten erkennen. [6])

Karls Sorge um die Nachfolge auf dem Thron

Bevor wir jedoch die Concilien und das, was sie für die grosse Reichsversammlung vorbereiteten, näher ins Auge fassen, müssen wir sehen, welche andere Angelegenheit, die ebenfalls dann erledigt werden sollte, von Karl vorbereitet wurde. Diese letztere aber war wichtiger als alle einzelnen Sorgen für das Wohl des Staates und der Kirche, die Karl am Abend seines Lebens beschäftigten. Es galt nämlich, dem Reiche einen Nachfolger zu geben, der von Grossen und Kleinen allenthalben mit Freuden begrüsst würde. Das mit so vieler Mühe und so grossartigem Erfolge erweiterte und befestigte Reich bedurfte eines kräftigen und auf seinem Thron fest und sicher stehenden Herrschers. Der grosse, auch an Körper sonst stattliche und kräftige Kaiser war in seinen letzten Lebensjahren sehr hinfällig geworden, und er fühlte, dass er sein Haus bestellen müsse. [7]) Zwei ältere Söhne, Pipin und Karl, hatte der Vater schon einige Zeit vorher sterben sehen. Pipin war am 8. Juli 810 gestorben, Karls gleichnamiger erstgeborener Sohn von der Königin Hildegard war am 4. December 811 seinem Vater in's Jenseits vorausgegangen. [8]) Auf ihn hatte der Vater die grösste Hoffnung gesetzt, die Grossen waren für ihn gewesen und das Volk hatte ihn schon als Kaiser betrachtet. [9])

---

[1]) Francia kommt zwar — zumal zu verschiedenen Zeiten — in mannichfacher Bedeutung vor, doch steht es namentlich in Urkunden für das Frankenreich diesseits der Alpen. So zum Beisp. in dem angeführten Diplom für Asig: anno regni in Francia XLV — in Italia XXXVIIII. In derselben Urkunde nennt sich entsprechend Karl imperator Romanum gubernans imperium et — rex Francorum et Longobardorum. So in Karls Testament. v. Kar. c. 31: anno regni in Francia — et in Italia. Mon. Sang. I. 10. Franciam vero interdum cum universo, omnes cisalpinas provincias significo. — Einhard sagt: concilia per totam Galliam celebrata sunt, und nennt Germania nicht besonders, während man sonst höchstens in mehr gelehrter Sprache Gallien (nach Caesar) bis an den Rhein ausdehnte. Das gesammte Frankenreich wird selten mit Francia, wohl aber mit regnum Francorum bezeichnet. (Vergl. Waitz III. 2·4 u. 2, 2·88 — 2·91.) [2]) Conc. Turon. c. 51. (Labbé sacros. conc. VII. p. 1270): diligenter tractare et inquirere pariter coepimus in conventu nostro, sicut pia serenissimi principis nostri nobis iniunxit admonitio (solche admonitiones stehen auch unter den Capitularien). In der Vorrede zu den Acten desselben Concils heisst es: His igitur intentus (Karolus) sacerdotes ecclesiae gubernacula tenentes in regno sibi divina largitate collato tenentes saluberrimis exhortationibus admonuit, ut operam darent, cet. Vgl. d. Bruchstück aus einer Lebensbeschreibung des Erzb. Bernh. v. Vienna († Nov. 842): Kar. Aug. — Galliarum praesulibus direxit capitula admonens ut ea quae sparsim erant in diversis conciliis a sanctis patribus edita de fidei unitate, de statu ecclesiae et de administratione reipublicae, excerptim colligere studeant — scribendo archiepiscopis Galliarum praecipiens, ut per quinque loca sqq. (s. a. S. S. Bened. p.2. saec. 4 in Append. p. 564 bei Rouquet Recueil des hist. des Gaules et de la France t. V. p. 491 Par 1744. [4]) Chron. Moiss. p. 259. Ein ann. concilia quoque iussu eius super statu ecclesiarum corrigendo per totam Galliam ab episcopis celebrata sunt [5]) Ein ann. p. 20) constitutionum quae in singulis factae sunt collatio earam imperatori in illo conventu (allgem. Reichsvers.) habita. Das Nähere weiter unten. [5]) Die Namen der Provinzen sind in dieser Weise von Leibnitz (ann. imp. I. 287) hinzugefügt. Das chron. Moissiac. nennt nur 4 Concilien u übergeht das von Chalons s. S. [6]) Wie schon Pertz bemerkt legg. t. II. p. 551. [7]) Thegan c. 6. P. II. p 592: Imperator cum iam intellexisset, adpropinquare sibi diem obitus sui (senuerat enim valde). v. Hind. c. 24 II. 617: Pater Hludovici, veluti morti propinquus, crebris et peregrinis incommodis urgeri coepit. Ein v. Kar. c. 30: Extremo vitae tempore, cum iam morbis et senectute premeretur. [8]) Ein. ann. 810 u. 811. [9]) Aequivocus patri primo uumeunque parentis (Gestator Karolus, inclitus atque potens, Qui populo placitus regno succedere gaudens jam procerum votis induperator erat. Ermoldus Nig. carm. II. v. 169 — 172 P. II. 523.

Noch im Jahre 806 hatte Karl eine Theilung des Reichs unter seine drei rechtmässigen Söhne entworfen, wobei dem ältesten Sohne Karl zwar eine hervorragende Stellung angewiesen, sonst aber der germanische Grundsatz von der Theilbarkeit eines Reichs unter die Erben wieder anerkannt war.[1] Jetzt war nur noch der Jüngste, Ludwig, übrig, der für die Verwaltung eines so grossen, mannichfach zusammengesetzten Reiches wenig geeignet erschien. Er war der jüngste Sohn der alamannischen Hildegard und im Frühling des Jahres 778 auf einem Zuge Karls des Grossen bis zu den Grenzen Spaniens — demselben, von dem Rolands sagengefeierter Name sich in die ferne Nachwelt verbreitet hat — auf der Pfalz Chasseneuil in Aquitanien geboren.[2] Schon als kleines Kind war er am 15. April 781 von Hadrian zum König gekrönt[3] und frühzeitig von seinem Vater mit der Verwaltung Aquitaniens betraut worden. Als König von Aquitanien hatte Ludwig nicht ohne Erfolg die fränkischen Unternehmungen gegen die Saracenen geleitet, deren Ergebniss die Begründung der spanischen Mark war.[4] Im Jahre 812 hatte er aber mit ihnen einen Frieden geschlossen[5] und seinen Falkonier Gerriko nach Aachen geschickt, um bei seinem Vater über Regierungs-Angelegenheiten Rath zu erfragen.[6] Da Gerriko lange in Karls Palast verweilte, so lagen, heisst es, Aquitanier und Franken Ludwig mit Bitten an, dass er selbst zu seinem Vater, dessen Kräfte im Abnehmen begriffen seien, sich begeben möchte, um ihm die Last der Regierungsgeschäfte erleichtern zu helfen.[7] Ludwig zauderte jedoch, diesem Zureden seiner Räthe zu folgen, um bei dem Vater keine Besorgniss zu erregen.[8] Aber Karl hatte keine Ermahner nöthig; er selbst fühlte, dass es rathsam sei, seinen Sohn zum Mitregenten zu bestellen und ihm die Kaiserkrone aufs Haupt zu setzen.

Frühjahr
Engere Berathung im Palast zu Aachen.

Schon auf einer im Frühjahr[9] veranstalteten engeren Versammlung im Palast zu Aachen[10] hatte Karl diese Angelegenheit vorbereitet. Nur die vornehmsten Franken und die vertrauteren Räthe des Kaisers waren dabei zugegen. Der Kaiser wies auf die Nothwendigkeit hin, dass bei seiner zunehmenden Körperschwäche für die Nachfolge Sorge getragen würde.

Er fragte sie um ihren Rath, was sie zu der Erhebung seines einzigen noch lebenden Sohnes Ludwig zum Kaiser und zu seinem Nachfolger dächten.[11] Die Versammlung stimmte dem Plane Karls bei. Besonders wird Einhard genannt, der, als dem Kaiser besonders nahestehend, Ludwig als Beschützer und Förderer der Kirche dringend anempfohlen habe.[12] Unter den kirchlich Gesinnten mochten gewiss Viele grosse Hoffnungen auf einen Mann setzen, der schon einmal nahe daran gewesen war, in ein Kloster zu gehen.[13] Auch Alkuin soll schon früher, bei Lebzeiten von Ludwigs Brüdern Pipin und Karl, dem Ludwig, als dem

---

[1] Divisio imperii a. 806. Pertz legg. t. I. p. 140. [2] vita Hlud. c. 3. [3] Ann. Ein. 781. [4] Abhandlung v. Dr. Foss: Ludwig der Fromme vor seiner Thronbesteigung. Progr. d. Fr. Wilh. Gymnas. Berlin 1858. [5] Ann. Ein. 812; Chron. Moissiac. 812. [6] vita Hlud. c. 20. (P. II. p. 617). [7] a. a. O. steht Franci et Germani. Diese Gegenüberstellung zeigt, dass unter Franci an dieser Stelle Romanen (zunächst Aquitanier) zu verstehen sind. [8] vita Hlud. c. 20 p. 617. Was Funk (L. d. Fr. 43 ff. u. d. Anmerk.) u. besonders Gfrorer (K. Gesch. II. 709 ff.) von den Parteien am fränkischen Hofe sagt, die sich in Freunde und Beförderer von Ludwigs Kaiserwahl und in Anhänger seines Neffen Bernhard geschieden hätten, ist zu weit und zu subjectiv ausgesponnen. Nachweislich und an sich einleuchtend ist es, dass es Manche gab, welche von Ludwigs kaiserlichem Regiment nicht viel hofften. [9] Da Ludwig bereits den Sommer bei Karl war (anon. c. 20), so muss diese Versammlung nothwendig vorher, also im Frühjahr stattgefunden haben. Vielleicht haben wir hier die kleine Jahresversammlung vor uns, mit welcher ja auch die Abfassung der capitula oder ammonitiones in Verbindung stehen mag, durch welche, wie wir oben sahen, das Zusammentreten von fünf fränkischen Provincial-Versammlungen verfügt wurde. Freilich nimmt man, gestützt auf die Adalhard-Hincmarsche Schrift de ord. palat. c. 29. (vgl. Waitz III. S. 463 ff.) gewöhnlich an, von den beiden dort beschriebenen Jahres-Versammlungen falle die grössere ins Frühjahr. Nach der nachher zu besprechenden September- (August-?) Versammlung ist jedoch in diesem Jahr offenbar keine öffentliche Versammlung um Karls Thron berufen worden. Die September-Versammlung war aber in diesem Jahre ohne Zweifel die grosse. [10] Erm. Nig. l. II. 1. 50. Pertz. II. 478 ff. das. v. 4: Consilium revocat ad sua tecta novum. [11] Erm. Nig. a. a. O. v. 28 — 30: Vos mihi consilium fide de poctere Franci, Dicite; nec prompte mox peragamus idem. [12] a. a. O. v. 31. ff. So werden also die fränkischen Grossen bei der Frage um die Thronfolge zu Rathe gezogen. Auch die Urkunde über die Theilung des Reichs im Jahre 806 mussten die Grossen bestätigen. Ann. Ein. 806. Auch ist hier an die oben angeführte Stelle des Ermoldus zu erinnern, wo es von Karls ältestem Sohne heisst: Jam procerum votis induperator erat (eleg. II. v. 172 P. II., 523). [13] vita Hlud. c. 19. P. II. 616.

Liebling der Kirche, die Herrschaft vorausgesagt haben. [1]) Aber es gab auch unter den Räthen Karls solche, welche die Regierung nicht von dem strengkirchlichen Standpunkte auffassten. Zu diesen gehörte Graf Walach, Karls Vetter. Er war der Sohn von Pipins des Kleinen Bruder Bernhard, und sein Bruder war der ausgezeichnete Abt Adalhard von Corbie, welcher zur Zeit die Verwaltung Italiens leitete. Dieser Walach, Karls Haushofmeister, von dem es ausdrücklich heisst, dass er sonst im geheimen Rath des Kaisers den grössten Einfluss gehabt habe,[2]) mochte wenig von einem Nachfolger hoffen, der sich mehr für ein beschauliches Leben — man hatte ihn wohl spottweise „den Mönch" genannt[3]) — als zur Verwaltung eines Amtes zu eignen schien, welches die angestrengte Thätigkeit eines thatkräftigen Mannes erforderte. Wir hören, dass Ludwig, als er nach dem Empfang der Kunde von seines Vaters Tode die Herrschaft übernehmen sollte, in nicht geringer Sorge war, „Walach, der bei Karl im höchsten Ansehn gestanden hatte, möchte etwas Verderbliches gegen den neuen Kaiser im Schilde führen.[4]) Ob sich nun diese Furcht darauf bezog, dass Walach einen Andern zum Nachfolger erhoben wünschte, muss dahingestellt bleiben. Von Karls ehelichen Söhnen war ausser Ludwig keiner mehr übrig.

Von dem zweiten Sohne der Hildegard, Pipin, lebte noch ein Sohn Bernhard, der aber aus keiner gesetzlichen Ehe stammte.[5]) An diesen hätte man noch denken können, da die uneheliche Geburt nach fränkischem Brauch nicht unbedingt von der Erbfolge ausschloss.[6]) Jener Bernhard hatte aber in Walachs Bruder Adalhard einen trefflichen Lehrer, und da er schon in Italien Antheil an der Regierung gehabt hatte, so hätte er sich wohl zu einem Träger der Kaiserkrone eignen mögen. Indess Karl und seine Räthe sahen davon ab und man wurde, wie gesagt, darüber eins, dass der jüngste Sohn der Kaiserin Hildegard nach des Vaters Heimgang die Herrschaft des gesammten Reiches und zuvörderst die kaiserliche Würde erhalten müsse.

Karls Sohn Ludwig nach Aachen berufen. So liess denn Karl seinen Sohn aus Aquitanien zu sich kommen und behielt ihn den ganzen Sommer über[7]) bis in den Anfang des Herbstes bei sich. Dieser Aufenthalt bei seinem Vater war für Ludwig von grosser Bedeutung, denn dieser belehrte und unterwies ihn über seine Herrscherpflichten und Regierungsgeschäfte und machte ihn auf alles das aufmerksam, worauf der Herrscher eines so grossen Reichs zu merken habe.[8]) Manche heilsame Lehre musste der Erbe der Kaiserkrone aus den Versammlungen dieses Jahrs, namentlich aus der grossen Reichsversammlung zu Aachen, entnehmen. Die letztere, die wahrscheinlich erst im September stattfand, war in diesem Jahre weitaus die wichtigste.[9])

Mai u. Juni Provincialsynoden zu Mainz, Reims, Tours, Châlons s. S. Arles. Die im Frühjahr angeordneten fünf Provincialsynoden fanden in den Monaten Mai und Juni statt. Sie geben ein höchst merkwürdiges Zeugniss sowohl von der Sorge und Umsicht Karls als auch von seiner ausgedehnten Macht in kirchlichen Angelegenheiten. In den Acten der Versammlungen selbst wird es sehr bestimmt gesagt, dass des Kaisers Machtvollkommenheit die Bischöfe, Erzbischöfe und die übrige Geistlichkeit berufen habe, und dass Alles, was von ihnen berathen und zusammengestellt würde, erst seiner hohen Entscheidung vorgelegt werden müsse, damit er nach Belieben daran ändere.[10])

<hr>

[1]) vita Alcuini c. 10. Mabillon a. SS. IV. 1 p. 156. [2]) vita Walae § 6. Pertz II 535; vgl. auch anon. v. Hlud 21 II. 618. [3]) Brief in der vita S. Bened. Mabillon a. SS. a. Bened IV. a. 205. [4]) v. Hlud. 21 P. II. 618. [5]) Thegan. c. 22 P. II. p. 569: filius Pipini ex concubina natus. [6]) Wir sehen dies an Karl Martell und Arnulf. [7]) vita Hlud. 20 P. II. 617. [8]) a. a. O. [9]) Der ausführlichste Zeuge, der Chronist v. Moisac (P. I. p. 259), setzt diese später zu betrachtende Versammlung in den September, die ann. Laurias. min. in den August. Böhmer (Regesta Karolorum) lässt es daher unbestimmt. Waitz (III. 477 mit n. 3) nimmt sie (wohl nicht als ganz sicher) im August an und meint, es sei die hinausgeschobene Frühjahrsversammlung gewesen. Aber, wie schon bemerkt, eine spätere Versammlung ist in diesem Jahre nicht anzunehmen (vgl den sächsischen Dichters Auffassung, welcher andeutet, dass die Getreuen, welche Karl auf jener Reichsversammlung entliess, den Kaiser dort zum letzten Mal zu sehen geglaubt hatten (Poeta Saxo 813: proceres — nimium iam comiciretos Cari conspectum domini hunc esse supremum) Ihr besondern Umstände im letzten Lebens-jahre Karls mochten es so mit sich bringen, dass die spätere Versammlung dieses Jahrs die bedeutendste war. [10]) Conc. Arel. (Labbaei et Cossarii Sacros. concil. tom. VII. Paris. 1671) p. 1211 — 1229. Mansi (Concill. amplis. coll. tom XIV.) p. 57 sqq. In der Einleitung: Karolum imperatorem, cuius iussu fraternitatis nostrae coetus est adunatus. Conc. Rem. II. Labbe VII. 1253 — 1259 Mansi XIV. p. 77 sqq Conc. Turon. Labbé t. VII. p. 1259 — 1270 M. XIV. 81 sqq Einl. Definimus itaque de locis et tempore, quando et ubi conducari fuerit opus et quod a tanto principe nobis iniunctum est, ad statuta loca convenimus.

Ausdrücklich wird gesagt, dass Karl die Synoden in derselben Weise wie die ehemaligen Cäsaren — seit Constantin dem Grossen — berufen habe.[1]) Die Königsboten[2]) führten als Vertreter des Kaisers den Vorsitz und es versahen, dem Charakter der Versammlungen entsprechend, hochgestellte Geistliche das Sendbotenamt. Zu Mainz war es Karls Kapellan, der Erzbischof Hildebald von Köln,[3]) der Erzbischof Rikulf von Mainz, Arno von Salzburg und Bischof Bernher von Worms. Zu Arles leiteten in gleicher Eigenschaft die Erzbischöfe Johann von Arles und Nebridius von Narbonne die Verhandlungen. Die Reimser Synode war von Erzbischof Wulfar von Reims auf Karls Anordnung versammelt worden. Es war jedenfalls auch Rikulf zu Mainz und Johann zu Arles unter den Vorsitzenden; von Tours und Chalons finden sich die Namen derselben nicht in den Quellen.

Das Concil von Arles trat am 10. Mai in der Basilika des heiligen Stephan zusammen. Am ersten Tage wurde nur von dem täglichen Kirchengebet für den Kaiser und dessen Familie gehandelt, die übrigen Beschlüsse wurden am folgenden Tage gefasst. Das Concil zu Reims fand um die Mitte des Mai,[4]) das Mainzer dagegen am 9. Juni statt.[5]) Wenn nun auch die Verhandlungen viel Gemeinsames haben, so ist doch der Umfang derselben sehr verschieden. In Arles wurden 26, in Reims 44, in Tours 51, in Mainz 56 und in Chalons 66 Capitel aufgestellt.

Alle diese Bestimmungen erscheinen nur als Vorarbeiten für den bevorstehenden grossen Reichsconvent. Bei manchen Fragen, geistlichen wie weltlich—politischen, wird ausdrücklich bemerkt, dass man erst den Rath der gesammten, um Karls Thron versammelten Geistlichkeit abwarten[6]) oder die Entscheidung des Kaisers hören wolle.[7]) Die gesammten Beschlüsse aber sind dem Kaiser vorzulegen und von demselben nach seinem Ermessen und nach seiner Einsicht gut zu heissen oder verbessernd umzugestalten.[8])

Indem die versammelten Väter in Karl den Herrscher und die von Gott berufene höchste Autorität des gesammten Reichs verehrten, so betrachteten sie ihn eben deshalb auch als Regierer und Lenker der Kirche. Wir sehen auf solche Weise hier die Idee des erneuten Kaiserthums, wie Karl und seine treuesten, einflussreichsten Rathgeber[9]) sie von Anfang an

Karls Autorität in kirchlichen Angelegenheiten.

Conc. Cabil. II. L. VII, p. 1270—1287 M. p. 94 sqq.: Imperante..... augusto Karolo convenimus episcopi et abbates totius Galliae Lugdunensis. Conc. Mogunt. L. VII, p. 1239—1253; M. XIV, 64 sqq.: Karolo Aug. vita et salus .... quia venimus secundum jussionem vestram. Ein. ann. 813 p. 200: Concilia quoque jussu ejus super statu ecclesiarum corrigendo .... celebrata sunt. [3]) Conc. Rem. L. VII, 1254: Conc..... a. d. Karolo .... more priscorum imperatorum congregata. [4]) S. über die hier gewählten Ausdruck für missus dominicus Waitz III, 373 und das. n. 3. [5]) Wo von Vorsitzenden in den Concilienacten gesprochen wird, heissen sie missi imperatoris, und es ist selbstverständlich und geht auch aus den oben angeführten und aus manchen andern Stellen der Acten deutlich hervor, dass die Berufung und Leitung der Synoden unter Karls alleiniger oberster Autorität stattfand, wie denn auch des Kaisers mit allen möglichen Ausdrücken der Ergebenheit in den Einleitungen, am Schluss und mehrfach in den Capiteln selbst gedacht wird. Wir werden dies zum Theil weiter unten noch sehen. Daher kommt es der Geschichte und den Quellen Gewalt anthun, wenn röm. katholische Schriftsteller (z. B. Binterim, Geschichte der deutschen Concilien II., 340 f.) behaupten, es seien stets und so auch bei diesen fünf Reformsynoden päpstliche Legaten als Vorsitzende zugegen gewesen. In dieser Eigenschaft soll zu Mainz Karls geliebter Diener, der Erzcapellan Hildebald von Köln fungirt haben. Es wird betont, dass derselbe mit Genehmigung des Papstes — übrigens auch der Frankfurter Reichsversammlung: cap. Francof. 794 c. 55; P. I. 75 — in jene so wichtige Stellung bei Karl getreten sei. Es genügt auch nicht, auf die allerdings von Hincmar (de ord. pal. c. 13; vgl. Waitz III., S. 434) erwähnte Vertretung päpstlicher Interessen durch den Erzcapellan hinzuweisen: »Mediante memor Mainz. [6]) So in den Acten; die aus. Hildesh. haben fälschlich dafür den Mai. Vielleicht sollten alle 5 Synoden gleichzeitig stattfinden. In der oben S. 8, Anm. 2 erwähnten Lebensbeschreibung des Bernhard von Vienne heisst es, Karl habe gewollt, dass die Geistlichen die Synoden uno eodemque die tenerent. Es geschah aber, wie wir sehen, nicht. Conc. Tur. c. 22: Necessariam videbatur nobis, ut omnes episcopi ad sacram palatinam congregati fuerint, ab eo edoceri, cuiuslibet poenitentialis sit sequendus. [7]) Conc. Cabil. c. 24: De compositione interfecti episcopi, presbyteri et monachi quaerendum a domino imperatore est, cui illius homicidii pretium exsolvendum sit. [8]) S. Schluss der Acten des Concils von Tours B. VII. 1270: Haec nos in conventu nostro ita ventilavimus, sed quomodo deinceps piissimo principi nostro de his agendum placebit, eius fideles eius famuli libenti animo ad nutum et voluntatem eius parati sumus; conc. Cabil. c. 45: De quibus omnibus domini imperatoris, qualiter sint emendanda, sententia expectetur, und am Schluss: Haec itaque pauca de pluribus quam necessaria perspeximus .... dom. imp. prudenti iudicio praesentanda annotavimus. [9]) Bekannt sind die Stellen Alkuins und der Capitularien, namentlich zu den Jahren 801 und 802. Besonders merkwürdig ist aber ein früher nicht gedruckter Brief Alkuins, aus welchem Waitz III., 192 a. 1 eine grössere Stelle mittheilt.

2

erfasst hatten, so vollkommen wie wohl nie vorher und nie in gleicher Stärke nachher ver-
wirklicht. Das Ausserordentliche der Stellung Karls tritt vielleicht nirgendwo so klar hervor,
als in den geistlich-weltlichen Versammlungen dieses Jahres, sowie überhaupt in den letzten
Jahren seiner königlich-kaiserlichen Herrschaft. [1] Man glaubte, dass Gott dem, welchen er
zu einem so ausserordentlichen Amte berufen habe, auch die Weisheit verliehe, welche ihn
zur Erfüllung seiner hohen Pflichten tüchtig mache.[2] Und wenn je ein Fürst auf seinem Throne
sie besessen, so war es Karl, wie der, sie besass. In den Anschauungen und in der Sprache
jener Zeit fielen Christenheit, Reich Christi mit den Ausdrücken „Reich der Franken" „Kaiserthum der Franken" fast zusammen.[3] Sowie in den Capitularien oder Reichsgesetzen rein
geistliche und kirchliche Bestimmungen neben den weltlichen vorkamen, so legte Karl
den Bischöfen und den Synoden ausser den geistlich-kirchlichen Fragen auch weltliche vor
und es ist nur der geistliche Charakter vorwiegend. [4]

Obwohl nun jene fünf Versammlungen im Allgemeinen denselben Zweck hatten: „den
Zustand der christlichen Kirche (des christlichen Kaiserreichs) zu fördern
und zu verbessern",[5] und obwohl der grösste Theil der Vorlagen gemeinsam war, so
ist doch nicht nur die Zahl der aufgestellten Capitel verschieden, sondern es kommen auch
an den verschiedenen Orten manche besondere Dinge zur Sprache. Der Grund hiervon
ist gewiss in den eigenthümlichen Zuständen und Bedürfnissen der einzelnen Provinzen zu
suchen.[6] Es lassen sich aus diesen Eigenthümlichkeiten manche Schlüsse ziehen.

So ist es gewiss nicht zufällig, dass nur das Mainzer Concil aufs Neue das Verbot an
die Geistlichen in Erinnerung bringt, keine Waffen zu tragen.[7] Es betraf ja dort lauter
deutsche Gegenden, zum Theil solche, deren Bewohner erst seit kurzer Zeit dem gewalt-

(Seitenrandnotizen links:) Eigenthüm-lichkeiten der verschiede-nen Provin-cialconcilien.

Hier nur ein paar Sätze daraus: Dum dignitas imperialis a Deo ordinata ad nil aliud exaltata esse vi-
detur, nisi populo praeesse et prodesse, proinde datur electis potestas, ut regat et doceat pia sollicitudine
subiectos. His doctus, sanctissime imperator, muneribus divina vestram incomparabiliter sublimitatem
eiusdem nominis antecessoribus gratia superexaltavit et honoravit. [1] Es sind keine hohen
Redensarten, wenn Karl der Regierer der Kirche und der Bischof der Bischöfe (mon. Saug. de g. Kar.
I, c. 25) genannt wird. Alkuin nennt Karl pontifex in praedicatione (opp. I, p. 882). Man trennte
Staat und Kirche nicht wie in späterer Zeit. Als Kaiser war Karl auch Hirt und Schützer der Herde
der Gläubigen. Deshalb lässt Ermoldus (um 826) ihn sagen: Francia me genuit, Christus concessit honorem — Christicoleque fuit pastor et arma gregi. (Erm. Nig. de cor. Lud. Pii v. 64 u. 66;
Pertz SS. II., p. 479). In einem Gedichte stellt Alkuin Karl mit dem röm. Bischof zusammen und sagt: Coeli
habet hic claves, proprias te iussit habere: Tu regis ecclesias, nam regit ille poli. Tu regis
eius opes, clerum populumque gubernas, Hic te coelicolas ducet ad usque choros. Bouquet
Recueil V. 421. [2] Man vergleiche folgende Stellen. Einl. der Concilienacten v. Arles: Serenissimi et
religiosissimi dom. nostri karoli — missi in medio statuerunt et dixerunt: gloriosus ac serenissimus dom.
noster ferventissimi amoris Christi igne successus et sanctae actionis ope perfunctos .... ecclesiae Dei
statum vigili instructione roborare disposuit cet. Die Acten des Mainzer Concils beginnen: In n. p. et
f. et sp. s. gloriosissimo et piissimo imperatori Kar. Augusto, verae religionis rectori ac defen-
sori sanciae Dei ecclesiae vita et salus. Sie danken Gott; quia sanctae ecclesiae tam pium
concessit habere rectorem, qui suis temporibus sacrae sapientiae fontem aperiens oves
Christi indesinenter sanctis reficit alimentis ac divinis instruit disciplinis. Conc.
Tur. praef.: Quantum piissimi imp. nostri excellens animus divinae sapientiae fulgore sit irradiatus ad
gubernandam praesentium rerum statum, ipsius imperii sibi a Deo dati liquido testantur negotia quae
quanta sint ... et praecipue quod hic toto animo invigilat, investigando, quae ad pietatem et veram re-
ligionem pertinent, quorum fructus hominum in bono beatitudinis collorat. Hiis igitur intentus ... admonuit, ut operam darent ac actibus eminerent, quibus et se bene operando, et sibi commissos verbis et
exemplis instruendo regerent. [3] Oft erscheint dafür der Name Europa. Erchanb. cont P. II. 321: Elfii
(L. d. Frommen) Europam hoc modo diviserunt; Mon. Sang. de g. K. I. 17. P. II. 738: Cum autem
cuncta pene Europa ad triumphatorem tantae gentis convenisset; Ders. I, 30 p. 745: quem tota Europa quidem perfecit (scil. pontem Moguntinum); ann. Fuld. 889: Multi reguli in Europa vel regno
Karoli excrevere. P. I. 405; Theodulf v. Orleans sagt (Bouquet Recueil V. 424): Sub tua iura Deus
dedit Europeia regna, Totum orbem inclinet sub tua iura Deus; Angilbert, de Karolo et Leone III
p. 483; Nith. I. I p. 651: Omnem Europam omni bonitate repletam reliquid. (p. 1) [4] Die Acten dieser
fünf Concilien verdienten unter den Capitularien der Monumenta Germ. hist. von Pertz zu stehn. Schon
Waitz (Verf. Gesch. III 477 a. 1.) hat dies bemerkt. [5] Hefele, Conciliengesch. Bd. III. (das. S.
705. — 715) wählt für die Versammlungen den passenden Namen „Reformsynoden". [6] Auch Hefele
(a. a. O. S. 711) erklärt die Aehnlichkeit der Concilienbeschlüsse aus der kaiserlichen ammonitio —
unter Hinweisung auf cap. 50 des Concils v. Tours. Dabei ist natürlich die Möglichkeit nicht auszu-
schliessen, dass Karl schon in diesen Zuschriften die einzelnen Provincialsynoden auf besondere Be-
dürfnisse und Misstände der entsprechenden Provinzen hingewiesen habe. [7] Conc. Mog. c. 17.

thätigen Heidenthum und dem deutschen Naturleben entwachsen waren. Das Concil weist auch vorzüglich auf den Unterschied zwischen weltlichem und geistlichem Leben hin.[1] Das Capitel über die Trunksucht[2] erinnert an eine wohlbekannte schwache Seite unserer Vorfahren. Und in dem Verbot, keine unsittlichen, üppigen Gesänge bei den Kirchen — also wohl auf den sich zu Versammlungen eignenden Kirchplätzen — aufzuführen,[3] hat man gewiss mit Recht eine Spur der vielfach verbotenen heidnisch-deutschen Volksgesänge gefunden, die ja noch Otfried mit seinem Krist verdrängen wollte.[4]

Eben so wenig lassen sich in den Bestimmungen der auf gallisch-romanischem Boden abgehaltenen Concilien Beziehungen auf die verschiedenen geschichtlichen und sittlichen Verhältnisse und auf die verfeinerte Cultur jener Gegenden verkennen. Auch hier begegnen wir dem Verbot von poetischen Aufführungen. Aber es sind hier offenbar grössere künstliche und ausgeführte Possen gemeint. Man darf bei Erwähnung dieser Gaukler und Possenreisser wohl an die ersten Anfänge der dramatischen Kunst in Frankreich denken.[5]

Vor weichlicher Musik und andern Dingen, welche den Geist entnerven können, wird ebenfalls gewarnt. Dem Vergnügen der Jagd mit Hunden, Falken und Habichten scheinen die gallisch-fränkischen Geistlichen mit Eifer obgelegen zu haben und es wird ihnen solches nachdrücklich verboten.[6] Auch finden sich in den auf gallischem Boden gehaltenen Versammlungen viele Warnungen vor Prozesssucht und vor Habgier.[7] Namentlich ist es die Synode von Chalons, welche mit Nachdruck dagegen auftritt, dass Geistliche Leute aus Habsucht überreden, ihr Gut der Kirche zu übergeben, oder sich dem geistlichen Stande zu weihen, damit die Kirche das Vermögen solcher Leute erhalte.[8] Etwas ganz Eigenthümliches lernen wir aus dem 31. Capitel dieser Synode. Es kam nämlich vor, dass Frauen, um ihre Männer los zu werden, ihre eigenen Kinder aus der Taufe hoben. Zu den Eheverboten jener Zeit gehörte es namentlich auch, dass Niemand weder den Taufpathen noch dessen Mutter zum Weibe haben durfte.[9] Endlich beklagen es die Väter zu Tours, unter einem Schrei des Entsetzens, dass in ihrer Gegend so viele fleischliche Vergehungen, Vatermord und Mordthaten überhaupt vorkämen.[10]

Auch in der Zusammensetzung der Versammlungen zeigt sich ein Unterschied. Wenigstens scheint die Mainzer in dieser Beziehung eine ganz eigenthümliche gewesen zu sein. Sie erscheint nach den Quellen als eine der von Hincmar-Adalhard uns beschriebenen gemischten oder geistlich-weltlichen Versammlungen.[11] Dort wurden nämlich, — als sich am 9. Juni die Berufenen versammelt hatten, nach einem dreitägigen Fasten — ein solches ging auch der Reimser Synode vorauf — drei besondere Turmen oder Kammern gebildet. Diese

Zusammensetzung der Synoden, namentlich der Mainzer.

[1] Conc. Mog. c. 15 und 16. [2] Conc. Mog. c. 46. Vergl. auch c. Rem. c. 18; 26; c. Tur. c. 21; 49; Conc. Cabil. c. 12; c. 41. Wo mehrere Capitel vorkommen, wird noch besonders eingeschärft, dass Geistliche weder Wirthshäuser besuchen, noch selbst Wirthe sein dürfen. [3] Es wird verboten, canticum turpe atque luxuriosum circa ecclesiam agere. [4] Wackernagel, Literaturgesch. S. 51 u. 19. [5] Conc. Rem. c. 17. Die Bischöfe sollen sich keine turpia ioca vormachen lassen. Conc. Tur. c. 7: Ab omnibus, quacunque ad aurium et oculorum pertinent illecebras, unde vigor animi emolliri posse credatur (quod de aliquibus generibus musicorum aliisque nonnullis rebus sentiri potest) Dei sacerdotes abstinere debent: quia per aurium oculorumque illecebras vitiorum turba ad animum ingredi solet. Histrionum quoque turpium et obscenorum insolentias iocorum et ipsi animo effugere caeterisque sacerdotibus effugienda praedicare debent. Conc. Cabil. c. 9: Ab omnibus oculorum auriumque illecebris sacerdotes abstinere debent et histrionum sive scurrarum et turpium seu obscenorum iocorum insolentiam nec solum ipsi respuant, verum etiam fidelibus respuenda percenseant. [6] Conc. Tur. c. 8: Sacerdotibus non expedit saecularibus et turpibus quibuslibet interesse iocis: venationes quoque ferarum vel avium minime sectentur. Conc. Cabil. c. 9: Sacerdotes — canum, accipitrum, falconum vel ceterarum huiuscemodi rerum curam parvipendere debent. [7] Conc. Arel. c. 15 (gegen Habsucht und gegen falschen Mass und Gewicht); Rem. c. 25 (Geiz und Habsucht); Rem. c. 32 (Wucher und ungerechter Gewinn); Rem. c. 36 (ungerechter Erwerb fremden Eigenthums); Rem. c. 41 (Münzbestimmung). Aehnlich conc. Tur. 45; Cabil. c. 8. [8] Conc. Cabil. c. 6; c. 7. Vgl. Mog. c. 23: Nullus tondeatur sine legitima et spontanea voluntate vel — wenn nämlich das Betreffende ein Höriger ist — cum licentia domini sui. S. excerpta canonum c. 12. Pertz II. p. 553. [9] Conc. Mog. c. 55. [10] Conc. Tur. c. 41: incestus, parricidas, homicidas multi apud nos, heu proh dolor! reperiuntur; cf. conc. Rem. c. 43. [11] Hincm. de ord. pal. c. 35. Dort ist freilich nur von zwei Curien, einer geistlichen und einer weltlichen, die Rede und sie verhandelten nur dann abgesondert, wenn entweder rein geistliche oder rein weltliche Fragen zu erörtern waren.

2*

vereinigten sich im Kloster der Basilika des heiligen Märtyrers Alban. Eine jede beschäftigte sich besonders mit den in ihr Bereich fallenden Angelegenheiten: in der einen die
Bischöfe über mannichfache kirchliche und theologische Fragen, in einer zweiten die Äbte
und ausgewählte *(probati)* Mönche über Alles dasjenige, was das Mönchswesen besonders
betraf, die Grafen und Richter in der dritten Abtheilung ertheilten Rechtsbescheide und verhandelten meist richterliche Angelegenheiten. Die Zahl der Bischöfe (30) und Äbte (25)
wird mitgetheilt, wie viel Mönche, Grafen und weltliche Grossen zugegen gewesen seien,
ist nicht angegeben.[1] Wir erfahren nicht, dass zu einer der andern vier Synoden Grafen
und weltliche Grosse zugezogen worden seien, und wir haben Grund anzunehmen, dass dies
nicht der Fall war.[2] Man könnte aber doch nicht sagen, dass die Acten dieser Concilien
einen geistlicheren Charakter hätten, als die des Mainzer.

Heben wir nun das wichtigste Gemeinsame aus den Verhandlungen der Synoden und
ihre Haupttendenz hervor, so ist zuerst auf das deutlich ausgesprochene Bestreben hinzuweisen, die Kirche eng an den Staat und dessen obersten Leiter und Regierer zu knüpfen,
oder mit anderen Worten, die Leitung der kirchlichen Angelegenheiten als ganz vom Kaiser
abhängig darzustellen. Wir haben dies schon im Allgemeinen gesehen. Im Einzelnen aber
ist zunächst des allgemeinen Kirchengebels für den Kaiser und sein Haus[3] zu erwähnen, welches eng mit der Idee des von Gott kommenden Kaiserthums zusammenhing
und auf welches Karl gleich nach seiner Kaiserkrönung grossen Nachdruck legte.[4] Man
wünschte, dass es immer mehr in Aufnahme komme,[5] und suchte dadurch die segnende
Kraft der Kirche dem heiligen Kaiserthum[6] zu Gute kommen zu lassen. Und was das
Wichtigste ist, Karl und die Synoden begegneten sich in dem Bestreben, dass geistliche
und weltliche Würdenträger und Beamten Hand in Hand an der Reichsregie-
rung theilnehmen, dass sie sich unterstützen und im Frieden leben sollten.[7]
Die Bischöfe, die ohnehin oft genug zugleich mit weltlichen Beamten als Königsboten ver-
wendet wurden, sollten auch an der Blutgerichtsbarkeit Theil nehmen und mit den Grafen
gemeinsam handeln. Die Bischöfe hatten das Recht, wegen mannichfacher Verbrechen mit
kirchlichen Bussen und Strafen zu belegen.[8] Die kirchlichen Strafen schränkten auch das
Blutgericht ein. Die Bischöfe nun sollten die jährliche Bereisung ihrer Sprengel dazu benutzen, mit den Grafen für die Aufrechthaltung der Gesetze zu sorgen.[9]

---

[1] Conc. Mog. praef.: Convenit nobis de nostro communi collegio clericorum seu laicorum
tres facere turmas, sicut et fecimus. In prima autem turma comederunt episcopi cum quibusdam
notariis, legentes atque tractantes sanctam evangelium, nec non epistolas, et actus apostolorum . . . . .
in alia vero turma consederunt abbates et probati monachi, regulam Benedicti legentes atque tractantes diligenter, qualiter monachorum ritum in meliorem statum perducere potuissent. In tertia dem-
que turma sederunt comites et iudices, in mundanis legibus discertantes, vulgi iustitia perquirentes
omninoque advenientium modis quibus poterant iniitias terminantes. [2] Conc. Cabil. L. VII. p. 1271;
M. XIV, p. 94: Conveniaus episcopi et abbates totius G. L.; Arel. L. VII. 1251: Fraternitatis nostrae
conventus est adunatus. Die missi reden in der Einleitung nur die Geistlichkeit an. Rem. L. VII. 1256:
Ordinante Volfario archiepiscopo et ceteris una cum epistolis patribus; Turon. L. VII. 1260: Siquidem urbs
Turonis congregati episcopi, abbates et venerabilis clerus. [3] Conc. Arel. c. 2; Rem. c. 40; Turon. c.
1; Cabil. c. 66 und concord. episc. c. 32 (Pertz legg. II. 554): De orationibus pro d. imp. et prole eins
faciendis ita omnibus placuit, sicut in sacris conventibus statutum et decretum est. Beispiele davon in
Litanien bei Mabillon, anal. vetera ed. 2. p. 171. Einl. d. Concile v. Arles: (Conventus) decernit atque instituit, ut tam per omnes civitates et loca in quibus sedes episcoporum esse noscuntur, quam etiam
per eorundem episc. dioecesem cunctis diebus, quibus idem dominus noster in vita superstes extiterit,
pro eo vel cunctis filiis et filiabus sacrificiorum Deo libamina dedicentur, pia orationum vota solvantur
ac cum gratiarum actione superno numini commendentur. [4] S. Capit. Aquisgr. 801 c. 1. Pertz legg. I.
87: Ut cuncti sacerdotes precibus amidais pro vita et imperio imp. et filiorum ac filiarum salute o-
rent. [5] Conc. Cabil. c. 66: Conventus decrevit . . . ut ab omnibus indesinenter orationes fiant pro vitae incolumitate, pro salute animae et corporis dom. imp. prolisque eius, pro statu regni, ita dumtaxat,
ut semper magis ac magis per incrementa temporum talis crescat observatio. [6] Daher sacrum palatium conc. Tur. c. 22. Die Kaiserkrönung Karls wird, als eine religiöse Weihe, durch ordinare,
consecrare bezeichnet: Ann. Laur. 801 P. I. 111; Erchanb. breviar. p. II. P. II. 328; aus S. Am. 801
P. I. 14 (benedicere). Wegen der Salbung wird er als Gesalbter des Herrn (christus Domini) bezeichnet: epist. Leô. II. ad Basilium imp. Murat. SS. RR. Ital. II. II. 247. [7] Conc. Arel. c. 12 u. 13.
Turon. c. 32. So Capit. Aquisgr. 813 c. 10. P. legg. I. 189; conc. Cabil. c. 20. [8] Waitz R. G. IV. S. 370.
[9] Conc. Arel. c. 17. Vgl. das erste Capitel des auf dem allgemeinen Reichsconvent zusammengestell-
ten Capitulars. P. I. I. p. 188: Ut episcopi circumeant parrochias ubi commissas et ibi inquirendi stu-

Auf das Zusammenwirken von kirchlichen und weltlichen Beamten ist der Friede des **Reichs** gegründet.[1] Wenn Verbrecher sich in die Anordnungen der Bischöfe nicht fügen, so soll die weltliche Gerichtsbarkeit einschreiten.[2] Die, welche den Bischöfen untergeben sind und ihnen nicht folgen wollen, sollen in Fesseln vor den Erzbischof bei der Provincialsynode geführt werden. Dort soll bestimmt werden, ob sie nach der unmittelbaren Entscheidung des Kaisers verurtheilt, oder in Fesseln vor die grosse Reichssynode geführt werden sollen.[3] Die Grafen wurden angewiesen, sich den Anordnungen der Bischöfe gegenüber bereit und willig zu zeigen.[4] Königsboten und Bischöfe sollen gemeinsam untersuchen, ob die Klöster sich in gutem Zustande befinden und ob sie gut und passend gelegen seien.[5] Bezeichnend für den Verkehr zwischen dem geheiligten Reichsoberhaupt und dem Clerus ist es auch, dass für die Reisen von Mönchen, Äbten und Äbtissinnen zum Kaiser besondere Ausnahmebestimmungen getroffen wurden.[6] Was das kaiserliche Regiment vorzüglich durch die Einwirkung des Christenthums und der Kirche auf die deutschen und die übrigen Einwohner des Frankenreichs gewann, war die Pflicht des Gehorsams, den die Kirche ebenso wie der Kaiser von jedem Getreuen und Gläubigen forderte. Die Treue war eine allgermanische und herkömmliche Tugend, aber indem die Unterthanen zum Gehorsam erzogen wurden, erlangte die Gewalt des Kaisers eine früher kaum geahnte Ausdehnung.[7] Auf gleiche Weise wirkte sie durch den Kirchenfrieden[8] und durch die nachdrückliche Ermahnung zum Frieden und zür Eintracht zwischen allen Gläubigen zur Sittigung und Bändigung der gewaltsamen Naturen.[9] Wenn aber auch Geistliche und Laien sich gegenseitig unterstützen und in vielen Stücken gemeinsam handeln sollten, so wurde doch den Geistlichen — auf der andern Seite zur Pflicht gemacht, ihre Streitigkeiten nicht vor ein weltliches Gericht zu bringen.[10] Bischöfe sollten nur, um Arme, Wittwen und Waisen zu unterstützen, sich an weltliche Gerichte wenden. Dabei wird auch daran erinnert — und dies ist wieder von grosser Bedeutung —, dass der Kirche und ihren Vertretern die Aufgabe gestellt ist, durch ihren Einfluss die Härte des bürgerlich-weltlichen Rechtsverfahrens zu mildern. Sie sollen auf dem Grunde des Wortes Gottes die Richter ermahnen, dem Geheiss des Herrn gemäss zu richten.[11] Karl wollte ja — wie er, namentlich seitdem er die Kaiserkrone trug, wieder-

Reichs- und Kirchen-frieden.

diem habeant de incestu, de patricidiis, fratricidiis, adulteriis, cenodoxiis et alia mala quae contraria sunt Deo, quae in sacris scripteriis leguntur quae christiani devitare debent. S. auch conc. Cabil. c. 14. [1] Conc. Cabil. c. 20: Si inter omnes fideles pax et concordia habenda est ..... multo magis inter episcopos et comites esse debet, qui post imperialis apicis dignitatem populum Dei regunt. Ita enim inter se concordare debent, ut alterutrum sibi ad Dei servitium peragendum et ministerium suum explendum non solum non noceant, quin potius admaicula sint. Hier lag der Grundpfeiler, auf dem das karolingische Regiment ruhte. Vergl. das grosse Capitular von 789 c. 63, legg. I, 63; Aquisgr. 802 c. 14. p. 92: capitl. missis data c. 20 p. 98; c. Langob. c. 5, p. 10. 4; c. Baioar. p. 127 und im Capitular von 813 c. 9, p. 189. Aus den Concilien dieses Jahres sind noch zu vergleichen: c. Arel. c. 12 (Geistliche und Laien sollen im Frieden leben); c. 13. (Grafen und Bischöfe insbesondere); Rem. c. 19 (Richter und Bischöfe sollen sich beim Gericht unterstützen). [2] Conc. Turon. c. 41. [3] Die Ungehorsamen sind zu excommuniciren usque ad iudicium archiepiscopi regionis illius. Sin autem nec ille eos corrigere voluerit, tunc omnino sub vinculis constringantur, usque ad synodum, et ibi indicetur, utrum ad iudicium domini nostri aut ad istam magnam synodum adferantur sub custodia. Die Stelle ist insofern wichtig, als sie uns das Verhältniss der Provincialsynoden zu dem allgemeinen Reichsconvent vor dem Kaiser zeigt. [4] Conc. Arel. c. 13; capit. 813 c. 10, legg. I., p. 189. [5] Conc. Mog. c. 20: Missi per quaeque loca directi simul cum episcopis perspiciant loca monasteriorum — si in apto loco sunt positi, ubi commodum necessarium possit acquiri. Similiter quoque aedificia monasteriorum provideant. [6] Conc. Turon. c. 30: Abbatissae sine episcopi licentia non exeant, nisi ad imperatorem ire voluerint; Cabil. c. 57: nisi forte imperialis iussio eam cogat; Mog. c. 24; Rem. c. 42. [7] Conc. Turon. c. 1: Primo omnium admonuimus generaliter cunctos, qui nostro conventui interfuere, ut obedientes ac fidem, quam ei promiserunt, inviolabiliter conservare studeant. In den Acten des Concils von Tours herrscht eine Sprache, in der man den Geist des daselbst bis zum Jahr 804 lehrenden und wirkenden Alkuin zu spüren glaubt. Sein berühmter Schüler Fridugis, der Mitunterzeichner von Karls Testament — Ein. v. Kar. c. 33 — waltete ja dort als sein Nachfolger am Martinskloster. [8] Conc. Mog. c. 39; c. 5. Beim Lesen dieser Bestimmungen wird man wieder daran erinnert, dass diese Synode nur deutsche, zum Theil sehr fehdelustige Völker betraf. [9] Conc. Mog. c. 5; Turon. c. 32; Rem. c. 43. [10] Conc. Cabil. c. 11: Ut episcopus ad forum neque sibi publica negotia indiciaria exerceant non pergat causae suffragatorum. [11] Conc. Mog. c. 6. In der eben angeführten Stelle c. Cabil. c. 11 heisst es: (Der Bischof soll kein weltliches Gericht besuchen) nisi forte aut pauperibus oppressis succurrat, aut viduis et orphanis tuitionem conferat, aut de verbo **Dei iudicem**

holt und bestimmt aussprach — sein ganzes Reichsgesetz unmittelbar auf die heilige Schrift gründen.[1]) Die Herren sollen ihre Untergebenen nicht placken und quälen;[2]) die Ehen Höriger sollen nicht aufgelöst werden, auch wenn sie verschiedene Herren haben.[3]) Die Bischöfe haben darüber zu wachen, dass das Gut der Armen nicht geschmälert werde;[4]) es soll nur öffentlich verkauft werden. Ueberhaupt sollen sich die Bischöfe der Armen[5]) und der Pilgrime annehmen und dieselben nicht nur mit leiblicher, sondern auch mit geistlicher Speise erquicken[6].) Mönche sollen so wenig als Bischöfe weltlichen Gerichtsverhandlungen beiwohnen und nur mit besonderer Erlaubniss des Bischofs vor einem Gericht von Laien erscheinen.[7]) Für ihre Beziehungen zu der weltlichen Obrigkeit mussten die Geistlichen Vertreter und Geschäftsführer bestellen. Diese Vögte (advocati) mussten zuverlässige Leute[8]) und zur besseren Gewähr für die weltliche Obrigkeit in der Grafschaft, wo sie die Geistlichen vertraten, begütert sein.[9]) In Kirchen und Klöstern und ebenso am Sonntag sollten keine weltlichen Gerichtsverhandlungen abgehalten werden.[10])

Wie noch heutzutage bei den Völkern, welche noch keine Schriftsprache besitzen, die Kirche durch Predigt und Lehre als die einzige Pflegerin der Volkssprache auftritt, so war dies auch zu Karls d. Gr. Zeit im Frankenreiche der Fall. Die romanische Bauernsprache (lingua rustica Romana) und die Barbarensprache der Deutschen (lingua Theotisca) genossen bei dem noch schlummernden Nationalitätsgefühl der Völker keiner Achtung. Weil aber Karl der Grosse,[11]) die Reichsvorsammlungen[12]) und die Synoden sich der Lehre und Predigt in den Volkssprachen sehr annahmen, so wurden dieselben — namentlich die deutsche — für den Schriftgebrauch vorbereitet, und sie gelangten besonders durch Karls Theilnahme und Bemühungen zu grösserem Ansehen.[13]) Solches ward ihnen nun schon deshalb zu Theil, weil heilige Gedanken und Schriften darin wiedergegeben wurden.[14]) Nun verordnete man zu Arles, Reims, Mainz, Chalons und Tours[15]), es solle so gepredigt werden, dass es das ganze Volk verstehen könne; es sei nach der Eigenthümlichkeit jeder Sprache das Evangelium den Gläubigen näher zu bringen, Homilien seien in die romanische Bauernsprache und in die deutsche Sprache zu übertragen. Den Glauben, das Athanasianum und das Gebet des Herrn sollte ein Jeder, wenn er es nicht anders (lateinisch) könne, wenig-

(Predigten und Homilien in den Landessprachen.)

admoneat, ut iuxta Domini praeceptum iusta iudicent iudicia. Hoc et de abbatibus et presbyteris et diaconis et maxime monachis observandum est. Cf. cap. 21. Die Wittwen werden besonders unter die Obhut und Aufsicht der Bischöfe gestellt: Rem. c. 34. [1]) Man vergleiche Karls ammonitio vom Jahre 801 an seine geistlichen und weltlichen Helfer und Diener. Ist sie auch nicht — wie bei Pertz — als amm. generalis zu bezeichnen, sondern — nach Rettberg, Dmenigen und Waitz — die Rede eines mannes, so sind es doch Karls Absichten und Gedanken, welche hier ausgesprochen sind. S. Pertz legg. I. 101 — 103; Waitz V. G. III., S. 288. Bezeichnend ist die Ueberschrift des capit. Aquisgr. von 801: Haec sunt capitula, quae ex divinarum scripturarum scriptis cleri sacerdotes custodienda atque adimplenda censuerunt. [1]) Conc. Turon. c. 49. [2]) Conc. Cabil. c. 30. [3]) Conc. Arel. c. 23: Ne comites vel vicarii seu iudices vel centenarii sub mala occasione vel ingenio res pauperum emant, nec per vim tollant, aut quolibet argumento subripiant, sed si cui aliquid possessionum emendum aut vendendum est, id in publico coram comite et indicibus et nobilibus civitatis facere debebit. [4]) Conc. Turon. c. 11. Arel. c. 17; c. 13 (Jeder soll zur Zeit der Theuerung für die ihm Anbefohlenen sorgen); Mog. c. 7; Tur. c. 10; c. 44; Rem. c. 17: (episcopi et abbates) pauperes et indigentes ad mensam habeant et lectio divina ibi personet; Turon. c. 36. [5]) Conc. Tur. c. 6: Peregrini et pauperes convivae sint episcoporum, cum quibus non solum corporali, sed spirituali reficiantur alimento. [6]) Conc. Mog. c. 12; Cabil. c. 11: Si vero eorum qui in clero sunt propria causa agenda est, cum licentia episcopi et advocato pergat et suae causae cum iustitia suffragetur. [7]) Conc. Mog. c. 30: Praepositi vel advocati sive vicedomini boni sint; Rem. c. 24. [8]) Dies bestimmt das capit. Aquisgr. 813 c. 14, p. 188: Ut episcopi et abbates advocatos habeant. Et ipsi habeant in comitatu propriam hereditatem. Et ut ipsi recti et boni sint et habeant voluntatem recte et iuste causas perficere. [9]) Conc. Arel. c. 22; Turon. c. 39; Mogunt. c. 40; Arel. c. 16. [11]) Ein. v. K. M. c. 29. [12]) Capit. Francof. 794 c. 52, Pertz legg. I. 75; cap. Aquisgr. 809 c. 1, P. I. 160; excerpta can. c. 14: De officio praedicationis ut iuxta quod intellegere vulgus possit assidue fiat. Vgl. capit. Aquisgr. 801; Capit. 811. c 3. [13]) S. Wackernagel Lit. Gesch. S. 49. [14]) Die Versammlung 794 zu Frankfurt im Jahre 794 sah sich veranlasst, ausdrücklich zu warnen: Ut nullus credatur (sic!), quod nonnisi in tribus linguis (Hebraeisch, Griechisch, Lateinisch) Deus orandus sit, quia in omni lingua Deus adoratur et homo exauditur, si iusta petierit. [15]) Conc. Turon. c. 17, L. VII. p. 1270: Visum est unanimitati nostrae, ut quilibet episcopus habeat homilias continentes necessarias admonitiones, quibus subiecti erudiantur, id est de fide catholica, prout capere possint, de perpetua retributione bonorum et aeterna damnatione malorum: de resurrectione quoque futura et ultimo iudicio, et quibus operibus possit promereri beata vita quibusve

stens in seiner Mundart lernen und diese Stücke Andere lehren.[1]) Gar mannichfaltig sind   Vermischte Bestimmungen.
ausserdem die rein kirchlichen Bestimmungen über das Glaubensbekenntniss,[2]) die christlichen
Cardinaltugenden (Glaube, Hoffnung, Liebe),[3]) Taufritus,[4]) Abendmahl,[5]) sorgfältige Aufbe-
wahrung des Chrisams,[6]) über die Messe,[7]) Sonntagsheiligung.[8]) Ferner finden sich mancherlei
Bestimmungen über das Klosterwesen, welches nach Benedicts Regel einzurichten ist.[9]) Auch
eine Regel über das Leben der Kanoniker — offenbar die des Chrodegang von Metz — wird
in Erinnerung gebracht[10]) und von dem geistlichen Leben und den Amtspflichten der Kleriker
gehandelt.[11]) Gegen die Ueberfüllung der Klöster,[12]) sowie gegen die zu frühzeitige oder
unfreiwillige Mönchs-Tonsur oder Verschleierung junger Wittwen und Jungfrauen sind Bestimmungen getroffen;[13]) das Verhalten der geistlichen Oberen gegen die niedern Ordnungen
ist erwogen und den Prälaten Milde gegen die niedriger stehenden zur Pflicht gemacht.[14])

Gegen den sündlichen Missbrauch des Schwörens sind mehrere Capitel gerichtet,[15])
und die zu Tours versammelten Väter traten dem Aberglauben entgegen, dass man durch
magische Künste Menschen und Thiere heilen könne.[16]) Es kam vor, dass sogenannte
schottische Geistliche im Frankenreich erschienen und auf eigne Faust Geistliche ordinirten.
Solchem Unwesen suchte die Synode zu Chalons ein Ziel zu setzen.[17]) In gleicher Weise
wurden die herumziehenden Geistlichen (clerici vagi) den Bischöfen übergeben.[18]) Von der
Beichte und von Kirchenbussen[19]), vom Fasten,[20]) Litanien,[21]) ist in mehreren Synoden gehandelt worden. Hervorzuheben ist, dass zu Chalons sur Saône zuerst Ausführlicheres über
die Norm und die Einrichtung der Nonnenklöster festgesetzt wurde.[22]) Zu Ludwigs des
Frommen Zeit wurde dies noch weiter entwickelt.

Grosse Strenge herrscht in den Bestimmungen über die Zulässigkeit ehelicher Verbindungen in bestimmten Verwandtschaftsgraden.[23]) Auch Verschwägerung und Pathenschaft
wurden als Ehehindernisse betrachtet. Meist sind freilich hier nur ältere Gesetze erneuert.
Die Pathen werden verpflichtet, mit den Eltern und Verwandten gemeinsam für die christ-
liche Erziehung der ihnen anvertrauten Täuflinge zu sorgen.[24])

excludi. Et et eandem homilias quinque transferre student in rusticam Romanam lin-
guam aut Theotiscam, quo facilius cuncti possint intelligere quae dicuntur. Rem. c. 15: Ut episcopi sermones et homilias sanctorum patrum, prout omnes intelligere possint, secundum proprie-
tatem linguae praedicare studeant. Mogunt. c. 25: Episcopi praedicent, iuxta quod intelligere vulgus
possit. Ueber das Predigen und über das Lesen von Homilien überhaupt s. conc. Arel. c. 3; c. 10;
Mog. c. 25; Rem. c. 11; Cabil. c. 1; c. 37. [1]) Conc. Mog. c. 45: Symbolum, quod est signaculum fidei,
et orationem dominicam discere semper admoneant sacerdotes populum christianum. Volumusque, ut
disciplinam condignam habeant, qui haec discere negligunt, sive in ieiunio, sive in alia castigatione emen-
dentur. Propterea dignum est, ut filios suos donent ad scholam, sive ad monasteria, sive foras presbyteris, ut fidem catholicam recte discant et orationem dominicam, ut domi alios edocere valeant. Et
qui aliter non potueril, vel in sua lingua hoc dicat. Daher unter den ahd. Sprachresten neben
den Beicht- und Abschwörungsformeln diese beiden Stücke und demnächst das Athanasianum am häu-
figsten vorkommen. Die Kenntniss des Athanasianum wird auch in den ersten Capiteln der 5 Synoden
gefordert. — S. v. Raumer, Einwirkung des Christenthums auf das Ahd.; Massmann, die deutschen Ab-
schwörungs- Glaubens- Beicht- und Betformeln v. 8 — 12. Jahrh. 1839. Eine neue vollständige Sammlung des Materials durch Prof. Müllenhoff steht uns bevor. [2]) Conc. Arel. c. 1; Mog. c. 1 und c. 45;
Rem. c 1 u. c. 2. [3]) Conc. Mog. c. 1; c. 2; c. 3. [4]) Conc. Arel. c. 3; Mog. c. 4; Rem. c. 7; Turon.
c. 18. [5]) Conc. Turon. c. 19; c. 50 (Jeder soll wenigstens dreimal im Jahr communiciren); Cabil. c.
46; c. 47. [6]) Conc. Tur. c. 19; c. 20. In Gallien herrschte lange der Missbrauch, die Reste der Ho-
stie den Kindern und andern Anwesenden zu geben. (Natalis Alexander). Conc. Arel. c. 18; Mog. c.
27. [7]) Conc. Mog. c. 43; Rem. c. 6; Cabil. c. 39; c. 49. [8]) Conc. Arel. c. 16; Mog. c. 37; Rem. c. 35;
Tur. c. 40; Cabil. c. 50. [9]) Conc. Mog. c. 22; Rem. c. 9; 21; Tur. c. 24; 25; Cabil. c. 22. [10]) Dies
bemerkt schon v. Eckhart F. O. II. p. 76 n. XXXIII. zu Conc. Mog. c. 10. [11]) Conc. Mog. c. 9; 10;
11; 14; 15; 16; 49 (Welche Frauen nur im Hause der Cleriker sein dürfen; daselbe Rem. c. 22;)
Rem. c. 3; 4; 5; 8; 10; 25; 30; Turon. c. 5; 9; 13; 23; 29; Cabil. c. 1; 4; 5. [12]) Conc. Arel. c. 8;
24; Mog. c. 27; Turon. c. 31. [13]) Conc. Rem. c. 27; 28; Mog. c. 27. Cabil. c. 7. [14]) Arel. c. 5;
Mog. c. 8; Rem. c. 11; Turon. c. 32; 33; Cabil. c. 51. [15]) Conc. Tur. c. 43. [16]) Conc. Tur. c. 42.
[17]) Conc. Cabil. c. 43. [18]) Conc. Arel. c. 24; Mog. c. 31. [19]) Conc. Arel. c. 26; Rem. c. 12; 13 (von
den acht Hauptsünden); c. 32; Turon. c. 22 (Beichtbuch); Cabil. c. 32 — 36; 38; 40. [20]) Conc. Mog.
c. 34; 35; Turon. c. 47; Cabil. c. 35. [21]) Conc. Mog. c. 32; c. 33. [22]) Conc. Cabil. c. 52 — 65; cf.
Arel. c. 7. Mog. c. 13; 26; Rem. c. 33; Tur. c. 26; 29 — 30. [23]) Conc. Arel. c. 11; Mog. 54 — 56;
(c. 55: Firmpathen und deren Mütter dürfen nicht miteinander in die Ehe treten); Cabil. c. 28; 29.
[24]) Conc. Arel. c. 19; Mog. c. 47; excerpta can. c. 18: Pathen und Verwandte sollen dafür sorgen, dass
die filioli spirituales catholice erzogen werden.

Mehr das Aeussere betreffend wird an die Pflicht derer, welche kirchliche Beneficien genossen,[1]) und an die Entrichtung der Neunten und Zehnten erinnert.[2]) Alten Kirchen sollen ihre besonderen Ehren und Rechte bewahrt bleiben,[3]) in den Kirchen dürfen nur gewisse Classen von Geistlichen und vornehmen Laien begraben werden.[4])

Sorge für den Unterricht. Wir wissen, dass es zu den vornehmsten Sorgen und Wünschen Karls gehörte, den Unterricht und die Erziehung seiner Völker nach Kräften zu fördern. Dies suchte er zu bewirken einestheils durch die Herbeiziehung der tüchtigsten Gelehrten, vor allen Alkuins, anderentheils durch Errichtung von Schulen und die Nöthigung zum Unterricht. Auf die das Letztere betreffende Verfügung Karls weisen die zu Chalons versammelten Väter mit warmen, nachdrücklichen Worten hin:[5]) „Wie der weise Karl befohlen hat, sind von den Bischöfen Schulen einzurichten, in welchen mit allem Eifer sowohl die Grundlagen der Wissenschaft als auch die heiligen Schriften erlernt werden sollen.“ Die gesammte Bildung der Neuzeit ruht ja historisch wie ethisch von den ersten Anfängen an in der christlichen Kirche, deren hoher Beruf es war und ist, die Völker und die gesammte Menschheit nach ihrem höchsten Ziele hin zu erziehen. Diesen Beruf, wie ihn auch Karl erfasste, erkannten jene fränkischen Synoden sehr klar. „Die Unwissenheit“ — so spricht es die Versammlung von Arles aus — „ist die Mutter aller Irrthümer, und muss am allermeisten von Gottes Priestern vermieden werden, die ja das Amt, das Volk zu belehren, übernommen haben.“ [6]) Dies wird betont und dabei eine Ermahnung des Apostels Paulus (1. Tim. 4, 13) in Erinnerung gebracht.

Die Geistlichen sollen alle die heilige Schrift und die *canones* inne haben und ihre ganze Thätigkeit soll in Predigt und Lehre bestehen.[7]) Die Versammlung zu Chalons hatte Schulen zur Heranbildung von Geistlichen im Auge; denn es heisst, es sollten darin Solche gebildet werden, welche mit Recht ein Sauerteig und eine Würze für das Volk und das Salz der Erde heissen könnten, damit durch sie die Kirche verherrlicht würde, zu deren Preise gesagt sei: An ihr hangen tausend Schilde, das ganze Rüstzeug der Starken.[8]) Dagegen sind offenbar Schulen für das gesammte Volk gemeint, wenn die Synode zu Mainz mit Androhung von Kirchenstrafen gegen die Säumigen bestimmt, dass die Leute ihre Kinder in die Schulen der Klöster oder zu den Presbytern hinaus schicken sollten, um daselbst die drei Hauptstücke: apostol. Glaubensbekenntniss, Athanasianum und das Gebet des Herrn zu lernen.[9]) Wer diese Stücke gelernt habe, solle sie daheim Andere lehren, und wer sie nicht anders (lateinisch) könne, solle sie wenigstens in der Muttersprache wissen.[10])

Den Bischöfen lag die Pflicht ob, die Priester der niedern geistlichen Ordnungen zu unterweisen[11]) und ihnen und allen Gläubigen durch ein gutes Beispiel vorzuleuchten.[12]) Fleissig sollen sie an jedem Sonn- und Festtage den Gemeinden predigen und im Behinderungsfalle Vertreter bestellen.[13]) Wiederholt werden sie auf das Studium der heiligen Schriften[14]) und der Schriften der Väter, auf das Lernen und Lehren der *canones* [15]) und auf die Anfertigung von Homilien hingewiesen.[16])

Fest-verzeichniss. In den Acten des Mainzer Concils findet sich ein vollständiges Festverzeichniss.[17]) Das Remigius-, das Martins- und Andreasfest hatten einen localen Character. Hervorzuheben ist ausser dem Michaelisfest das Fest der Himmelfahrt (*assumptio*) der

---

[1]) Conc. Mog. c. 42; Arel. c. 25; Rem. c. 37; Tur. c. 46. . [2]) Conc. Arel. c. 9; Mog. c. 39; Turon. c. 16; Cabil. 19. [3]) Conc. Arel. c. 20; Mog. c. 21. [4]) Conc. Arel. c. 52. [5]) Conc. Cabil. c. 3: Oportet etiam, ut, sicut dom. imp. Karolus, vir singularis mansuetudinis, prudentiae, iustitiae et temperantiae praecepit, scholas constituant (scil. episcopi), in quibus et literae solertia disciplinae et sacrae scripturae documenta discantur. [6]) Conc. Arel. c. 3: Ignorantia mater cunctorum est errorum et maxime in sacerdotibus Dei vitanda est, qui docendi officium in populum susceperunt. [7]) Conc. Arel. c. 3: ut omne opus eorum in praedicatione et doctrina consistat. [8]) A. a. O: Tales ibi erudiantur, quibus merito dicatur a domino: vos estis sal terrae (Matth. 5, 13.) et qui condimentum plebibus esse valeant (vgl. Marc. 9, 50. Luk. 14, 34) et quorum doctrina non solum diversis haeresibus, sed etiam Antichristi monitis et ipsi Antichristo resistentur, ut merito de illis in laude ecclesiae dicatur: Mille clypei pendent ex ea, omnis armatura fortium. [9]) Conc. Mog. c. 45. Den Text s. S. 17. a. 1. [10]) A. a. O.: Et qui aliter non poterit, vel in sua lingua hoc discat. [11]) Conc. Arel. c. 5. Rem. c. 11. [12]) Conc. Turon. c. 4; c. 9 (Presbyter und Diaconen sollen den Bischöfen nacheifern). Conc. Cab. c. 2; c. 4; c. 5. [13]) Conc. Arel. c. 3; c. 10. Mog. c. 25; Rem. c. 14; 15; Turon. c. 4; Cabil. c. 37. [14]) Conc. Tur. c. 2; Cabil. c. 1; Arel. c. 3. [15]) Conc. Tur. c. 3; Cabil. c. 1; c. 37; Arel. c. 3. [16]) Conc. Rem. c. 15; Tur. c. 17. [17]) Conc. Mogunt. c. 36.

Maria, das erst um diese Zeit diese Bedeutung erhielt.[1]) Da die Heiligenverehrung hauptsächlich an die Stätten, wo sich ihre Reliquien befanden, geknüpft war, so wurde zu Mainz feierlich bestimmt, dass alle Feste der Märtyrer und Bekenner, deren heilige Leiber in jeder Parochie ruhten, beobachtet werden sollten.[2]) Auch das Fest der Kirchweih ist in das Verzeichniss mit aufgenommen.

Zur Zeit Karls, der, wie wir wissen, die Pilger sehr begünstigte,[3]) fanden häufig Wallfahrten, vornehmlich nach Tours zu den Reliquien des heiligen Martin und nach Rom, statt. Es wurde damit viel Missbrauch getrieben. Nicht nur musste den Pilgern — namentlich von den Bischöfen —[4]) Vieles gewährt und dargereicht werden, sondern es missbrauchten auch Viele solche Bittfahrten, um bequem betteln zu können, oder um ihrer Lust am Herumstreichen zu genügen, Reichere aber, um unter diesem Vorwand von ihren Untergebenen Geld zusammen zu scharren. {Missbrauch der Wallfahrten.}

Dagegen traten Bischöfe und Geistlichkeit zu Chalons sehr entschieden auf und machten geltend, dass es nicht auf das Besuchen der heiligen Orte ankomme, sondern auf den heiligen Wandel selbst.[5])

Aber nicht nur gegen diesen Missbrauch eiferten die Väter zu Chalons, die ja auch so lebhaft den gründlichen Unterricht für die Geistlichen in Erinnerung brachten, sondern ihre über die Beichte, über das Fasten und über die Sündentilgung ausgesprochenen Ansichten sind der Art, dass man dieser Synode den Namen „Reformsynode" im verstärkten Sinne beilegen muss. Mit Bezug auf die Beichte heisst es: Manche sind der Ansicht, man brauche seine Sünden nur vor Gott zu bekennen, wie David Psalm 32, 5; Andere, man müsse sie dem Priester beichten, wobei man sich auf Jak. 5, 16 beruft. Beides ist wohlgethan. Das Sündenbekenntniss vor Gott reinigt von Sünden (bewirkt die Vergebung derselben); die dem Priester abgelegte Beichte zeigt uns den Weg, auf dem wir von der Sünde frei werden können.[6]) Das Fasten, heisst es weiter, besteht bei Vielen lächerlicher Weise in einer Enthaltung von gewissen Speisen, während sie sich durch andere Genüsse doppelt entschädigen. Es kömmt auf die geistliche Enthaltsamkeit (abstinentia spiritualis) an.[7]) Und Andere meinen durch Almosen und Werke ihre Sünden tilgen und dann, in Hoffnung darauf, frisch drauf los sündigen zu können. Aber um Lohn werden sie nicht frei von Sünden: Geist und Körper, welche der Sünde dienten, müssen durch wahre Busse und Trauer von Gott die Vergebung suchen.[8]) {Entschieden reformatorischer Charakter der Synode von Chalons.}

Die Synode von Arles klagt über den Missbrauch, den Stifter von Kirchen und Kapellen von ihrem Patronatsrechte machen, indem sie sich bestreben die geistlichen Stiftungen der Diöcesangewalt der Bischöfe zu entziehen. Die weltlichen Herren machen sich der Simonie schuldig, indem sie von den Geistlichen Lohn für ihre Empfehlung nehmen.[9]) Die hohen Würdenträger der Kirche, Bischöfe und Reichsäbte, waren zugleich Reichsstände und Lehnsträger für die weltlichen Rechte und Besitzungen, die sie mit ihren Kirchen empfingen. Sie {Patrone, kirchliche Beneficien und Kirchenvermögen.}

---

[1]) Noch in einer Predigt des 778 gestorbenen Italien. Abts Authpert wird es unbestimmt gelassen, ob Maria in corpore oder extra corpus in den Himmel aufgenommen worden sei. (v. Eckhart F. O. II. p. 80 u. XXXIII.) In einem Kalendarium K. d. Gr. von 781 steht das Fest, während im Martyrologium Bedas nur von einem Entschlafen (dormitio) die Rede ist und im Kalendarium Frontos das Fest solemnia de pausatione s. Mariae genannt wird (Piper, Karls d. Gr. Kalender u. Ostertafel vor d. Preuss. Staatskalender v. 1856 S. XXXVII s. XL). [2]) A. a. O: Illas festivitates martyrum et confessorum observari decernunt, quorum in unaquaque parochia sancta corpora requiescunt; similiter etiam dedicationem templi. [3]) Ein. V. K. M. c. 21. [4]) C. Mog. c. 43: Et statuat, ne quilibet in sacrum pergentibus servitium allatenus prohibere audeat, mansionem neque aliis quibus necessitas incumbit. Tur. c. 11: Peregini — convivae sint episcoporum. [5]) Conc. Cabil. c. 45: De quorum numero sunt illi, qui circumquaque vagantes illo se pergere mentiuntur, vel quia tantum sunt recordes, ut patent se sanctorum locorum sola visione a peccatis purgari, non attendentes, quod ait B. Hieronymus: Non Hierosolymam vidisse, sed Hierosolymis bene vixisse laudandum est. Cf. c. 44. (Waitz. V. G. IV. S. 21.) [6]) Conc. Cabil. c. 33: Confessio itaque, quae Deo fit, purgat peccata: ea, quae sacerdoti fit, docet, qualiter ipsa purgentur peccata. Deus namque, salutis et sanitatis auctor et largitor, plerumque hanc praebet suae potentiae invisibili administratione, plerumque medicorum operatione. [7]) Conc. Cabil. c. 35. [8]) Conc. Cabil. c. 36: Mentem et corpus, quae libido traxit ad culpam, afflictio et contritio debet reducere ad veniam. [9]) Conc. Arel. c. 5: Ut laici omnino a presbytero non audeant munera exigere propter commendationem ecclesiae. Mog. c. 30; Rom. c. 21; Tur. c. 15. Gegen das gewaltsame Verdrängen der Presbyter seitens der Laien conc. Arel. c. 4; Mog. c. 29.

3

werden aber ermahnt, mit dem Kirchengut nicht wie mit Privateigenthum zu schalten.[1] Manche Kirchen und Klöster waren indess auch im Besitze von Privaten, von denen dann die Vorsteher bestellt wurden. Dabei trat aber oft der Misstand ein, dass eine Kirche, die unter drei oder mehr Besitzer getheilt war, einen Altar, aber drei oder mehr Presbyter hatte.[2] — Auf die Klagen derer, welche sagten, dass sie durch Schenkungen ihrer Väter an die Kirche erbelos (exheredilati) seien, erwiederte das Concil von Tours, dass die Schenker regelmässig mehr zurückerhielten (zum Niessbrauch), als sie gegeben hätten.[3]

Karolinische Theologie. Wir haben also den Hauptinhalt der reichen und mannichfaltigen Concilien mittheilen zu müssen geglaubt, weil wir darin Karls Walten als Schützer und Leiter der Kirche ausgeprägt finden. Karl hatte ja — wie wir dies auch an noch vorhandenen anderen Beispielen sehen, die einzelnen Synoden durch Ermahnungsschreiben auf die Schäden der Kirche und auf zu treffende Verbesserungen hingewiesen. Abgesehen von der Individualität der Concilien können wir doch aus den Acten die Spuren des Geistes, mit dem Karl Christenthum und Kirche erfasste, verfolgen. Ausdrücklich lernen wir aber aus den Einleitungen und aus den Verhandlungen selbst, dass Karl in seiner Admonitio darauf drang, dass die Geistlichen durch christlichen Wandel und durch thatkräftigen Glauben dem Volke ein Vorbild abgeben sollten, um so ihrer Lehre Nachdruck zu verleihen.[4] Ebenso geht daraus seine Bemühung um die Förderung des Unterrichts und Schulwesens hervor, obwohl man im letzteren Falle auch an eine ältere Verfügung Karls denken könnte.[5] Man hat ja wohl schon anderswo von einer Karolinischen Theologie gesprochen. Karls religiöse Ansichten bestimmten aber sein kaiserliches Wirken und die ganze Zeit ist so gethan, dass Kirchen- und Profangeschichte sich nicht trennen lassen und die eine sich ohne die andere weder verstehen noch darstellen lässt.

So war denn von kirchlicher Seite eine grosse Fülle wichtiger Vorlagen für die allgemeine Reichsversammlung in Karls Palast zu Aachen vorbereitet. Dort in Aachen sollte Alles noch einmal verglichen und eine Auswahl von Puncten, welche Karl billigen würde, zum Reichsgesetz erhoben werden.

Italiens gesonderte Stellung im Frankenreich. Sehen wir auf solche Weise die mannichfaltigsten kirchlichen Reformen in dem Frankenreiche diesseits der Alpen in's Werk gesetzt, so könnte es auffallend erscheinen, dass Karl diese Reform nicht auch auf Italien ausgedehnt hat. Aber es ist hier die eigenthümliche abgesonderte Stellung Italiens zu berücksichtigen, welche Karl diesem Lande von der Bezwingung des Longobardenreichs an gelassen hatte.[6] Er nannte sich ja bis zu seinem Tode „Kaiser und Augustus, Beherrscher des römischen Reichs und von Gottes Gnaden König der Franken und der Longobarden." Die Jahre seiner Regierung in Italien führte er neben denen seiner Herrschaft in Francien besonders auf. Sobald sein Sohn Pipin das nöthige Alter erreichte, übergab ihm der Vater die Regierung Italiens als eines besonderen Königreichs. Zu dieser Stellung kam das Land wohl wegen seiner gesonderten Lage und seiner eigenthümlichen natürlichen und geschichtlichen Verhältnisse. Daher sehen wir, dass, während Aquitanien, obwohl es ebenfalls in Ludwig einen besonderen König hatte, keine gesonderte Stellung in dem cisalpinischen Reich, mit dem es aufs engste zusammenhing, zuertheilt erhielt, für Italien bis ans Ende von Karls Regierung besondere Capitularien und Zusätze zum Longobardengesetz erlassen wurden. So auch im Jahre 813.[7] Dennoch ist es nicht nur an sich einleuchtend, dass Karl, als Oberherr Italiens, auch dort seine Regierungsgrundsätze durchführte, sondern wir dürfen annehmen, dass es ausser den besonderen Gesetzen für Italiener und Longobarden noch allgemeine Gesetze gegeben habe, welche auch für die Glieder des Frankenreichs jenseits der Alpen bindend waren.[8]

---

[1] Conc. Tur. c. 10: Episcopi rebus ecclesiasticis non ut propriis utantur. [2] Conc. Cabil. c. 26. Durch die Gemeinsamkeit des Besitzes geschah es: ut unius altaris quatuor partes fiant et singulae partes singulos habeant presbyteros. [3] Conc. Turon c. 51. S. über diese für das Beneficialwesen lehrreiche und wichtige Stelle Waitz V. G. IV. S. 218 mit n. 2. [4] Conc. Turon. praef. S. d. Stelle S. 12. u. 2 a. Ende. [5] Conc. Cabil. c. 3. S. Seite 18, n. 6 — 8. [6] S. Waitz Verf. G. III, 303 — 306. [7] S. Pertz legg. I. p. 191 sqq. In dem angeführten Capitular finden sich folgende merkwürdige Worte nach Aufzählung der Fälle, wo Römer und Longobarden ihr besonderes Recht haben: De ceteris vero causis communi lege vivamus, quod Francus vero Francorum atque Langobardorum in aedicto adimxit. Waitz (III, 303 n. 2) hält dies für die Bemerkung eines Juristen. Wir erkennen aber doch daraus, dass es über den longobardischen und italischen Specialgesetzen noch ein allgemeines fränkisches Reichsgesetz auch für Italien gab.

Wir werden uns demnach nicht wundern dürfen, dass Karl zu einer Zeit, wo er in der Vorahnung seines nahen Todes sein Haus bestellte und die religiös-sittlichen Zustände Franciens zu fördern suchte, die Ordnung der italienischen Verhältnisse den von ihm eingesetzten Männern überliess. Er konnte wegen Italiens um so ruhiger sein, als dort der treffliche Adalhard von Corbie, der Enkel Karl Martells, als Vormund des unmündigen Königs Bernhard waltete. Wie Karl selbst, so fragte auch Adalhard, wo es sich um die Ordnung der italienischen Angelegenheit handelte, den römischen Bischof um Rath.[1]

Wenn aber Karl in Italien keine Provincial-Synoden zur Förderung der geistlichen Angelegenheiten berief, so lässt sich hieraus ebensowenig die Folgerung ziehen, dass der Kaiser in diesem Lande der Kirche gegenüber eine andere Stellung eingenommen habe, als die, dass die kirchlichen Verhältnisse Italiens zur Zeit so beschaffen gewesen wären, dass sie keiner Reform bedurft hätten.[2] Das Letztere war so wenig der Fall, dass sich der kirchlich gesinnte Ludwig wenige Jahre später im Jahre 818 veranlasst sah, den berühmten Spanier Claudius zum Bischof von Turin zu erheben, damit er dem Volke Italiens, das zum grossen Theil von dem Geiste und Verständniss der Evangelisten sich weit entfernt hatte, mit seinem geistlichen Rathe diente.[3]

Der allgemeine Reichstag wurde in diesem Jahre — wie die meisten unter Karl —[4] auf deutschem Boden, und zwar zu Aachen, abgehalten. Ausser den kirchlichen Würdenträgern, namentlich den Geistlichen, welche auf den Reform-Synoden getagt hatten, erschienen dazu auch die weltlichen Räthe des Kaisers, die fränkischen Grossen (*senatus*)[5], die Herzöge, das heisst die Verwalter grösserer Districte, sowie ausgezeichnete kriegerische Anführer,[6] weiter eine grosse Anzahl Grafen und allerlei weltliche Beamte,[7] so viele ihrer erscheinen mussten. Auch die Gemeinfreien fehlten nicht bei der allgemeinen Versammlung. In derselben sollten im weitesten Umfange die Angelegenheiten des Reichs und der Kirche Christi, soweit sie der Ordnung und Verbesserung bedurften, in Gegenwart des Kaisers verhandelt werden.[8]

Man kam diesmal sehr spät zusammen. Denn wenn auch schon früher das alte März-feld (*campus Martius*) zum Maifeld (*campus Maji, Magiscampus*) geworden war,[9] so wurde doch selten die Versammlung bis weit in die zweite Hälfte des Jahres gerückt.[10] Der Chronist von Moissac, unser ausführlichster Gewährsmann, sagt uns aber ausdrücklich, sie habe 813 im September stattgefunden, während allerdings die kleinen Lorscher Jahrbücher den August dafür angeben.[11] Mit Rücksicht auf die Nachrichten von Ludwigs Krönung und Entlassung halten wir die spätere Angabe für wahrscheinlicher. Dann bleibt aber freilich noch fraglich, ob in diesem Jahre zwei Versammlungen stattfanden, was nach dem Verfasser der Schrift über Karls Hofordnung zu jener Zeit Brauch war.[12] Eine spätere Versammlung, als

September Reichsversammlung zu Aachen.

---

[1] Pertz II, p. 578 v. Adalh. c. 10. S. weiter unten. [2] Was Binterim, Deutsche Concilien Bd. II, annimmt. [3] Ut plebis Italiae, quae magna ex parte a. S. S. evangelistarum sensibus procul aberraverat, sacrae doctrinae consultum fieret. So bei Jonas, Bisch. von Orléans, in der Vorrede zu der Schrift de imaginum cultu (bibl. Patrum maxima XIV 167 a). Aehnlich urtheilt Claudius selbst (II. p. 197 b). [4] Waitz d. Verf. Gesch. III, 481 mit a. 3. Von den 33 bis 34 Versammlungen, bei denen der Ort der Zusammenkunft bekannt ist, fanden nur drei auf nicht deutschem Boden statt, dagegen allein zu Worms sieben, zu Aachen fünf, zu Nachsen ebenfalls sieben. [5] Ueber die Bedeutung von senatus s. Waitz III, 445. Chron. Moiss. p. 259: Fecit conventum magnum populi sui — de omni regno vel imperio. Et convenerunt episcopi, abbates, comites et senatus Francorum. [6] Die alten Volksherzöge waren von Karl völlig beseitigt. Ueber den im Text angedeuteten Sinn von dux s. Waitz III, 309 ff. und obda. S. 318. Daraus bestehen den comites und indices vor im Cap. Aquisgr. 813 in der Einleitung, Pertz p. 187: Cum — comitibus, ducibus. Thegan. c. 6 p. 591: Vocavit Hludovicum cum omni exercitu, episcopis, abbatibus, ducibus, locopositis (d. h. vicariis). [7] C. Aquisgr. 813 p. 187: Karolus cum epp., abb., comit., ducibus omnibusque fidelibus christianae ecclesiae. Chron. Moiss. p. 259. [*]Chron. Moissiac.: Ibidem constituerunt capitilos 46 de causis, quae necessariae erant ecclesiae Dei et populo christiano. Ausser dem Inhalt selbst deuten schon die verschiedenen Namen, mit welchen diese Versammlung in den Quellen bezeichnet wird, ihren mannichfaltigen Charakter an. Als allgemeine Reichsversammlung und als Fortsetzung des alten März- oder Maifeldes heisst sie magnum conventus (Chron. Moiss.), wegen ihres richterlichen Charakters magnum placitum (ann. Laur. min. P. I, 121). Die allgemein politische Bedeutung liegt in generalis conventus; magnum concilium nennt sie aber auch der Chronist von Moissac, weil sehr viel Geistliches und Kirchliches darin zur Verhandlung kam. Waitz III, 470 ff. [9] Waitz III, 369 mit a. 3. [10] Beispiele a. a. O. S. 477 mit a. 3. [11] Pertz SS. I, 121. [12] Hincm. de ord. pal. c. 29.

3*

die in Rede stehende, kann schwerlich den Umständen nach in diesem Jahre angenommen werden, während wir von einer oder vielleicht zwei früheren einige Kunde haben.[1]) Jedenfalls aber fällt in diesem Jahre die Haupt-Versammlung aussergewöhnlich spät und dieser Aufschub lässt sich leicht aus dem Umstande erklären, dass die Arbeiten der fünf Synoden erst als Vorarbeiten der allgemeinen Reichsversammlung zur Benutzung und Auswahl vorliegen mussten.

Die Beamten des Staats und der Kirche begannen die Verhandlungen als Vertreter der Gesammtheit (des *populus*), da diese nicht füglich bei den Einzelberathungen mitwirken konnte.[2]) Die Verhandlungen über specielle Angelegenheiten besonderer Berufsclassen geschahen in den betreffenden Collegien. So traten die Bischöfe zusammen, um aus den Ergebnissen der fünf Synoden eine Vergleichung und Zusammenstellung zu machen und diese dem Kaiser vorzulegen.[3]) Aber es wurden auch rein richterliche Bestimmungen getroffen und besonders kamen noch Feststellungen über den Heerbann und über die kriegerische Ausrüstung zur Sprache.

Da waren es denn natürlich Grafen, richterliche Beamten und Heerbannspflichtige, welche hierüber unter des Kaisers Oberleitung beriethen. Die Versammlung zeigte immer noch, wenn auch in diesem Jahre kein allgemeiner Kriegszug stattfand, den militärischen Charakter, den sie von ihrem Ursprung an hatte.[4]) Hincmar schildert uns lebendig genug den Verlauf solcher Reichstagsverhandlungen. Einen, zwei oder drei Tage, je nach dem Charakter und der Menge der Vorlagen, verhandelten die einzelnen Collegien besonders; die Königsboten gingen von dem einen Kreise zum andern, um, wo es nöthig erschien, gestellte Fragen zu beantworten.[5]) Wenn man es für wünschenswerth hielt, bat man auch den Kaiser, persönlich zu erscheinen; es wurden ihm dann die in der Debatte befindlichen Gegenstände vorgelegt, und er blieb so lange in dem Ausschuss anwesend, bis die Sache, um die es sich handelte, erledigt war; über Alles liess er sich genau Bericht erstatten.[6])

Die Arbeit des bischöflichen Ausschusses ergab 33 Capitel, welche Karl zur Prüfung vorgelegt wurden,[7]) damit er hinzuthäte, wegnähme oder änderte, wie es ihm beliebte; seine Einsicht wurde von Allen verehrt und sein Urtheil für das rechte und entscheidende angesehen.[8])

---

[1]) Vergl. oben S. 9, Anm. 9 und S. 10, Anm. 9. [2]) Chron. Moiss. 813 p. 259: Fecit conventum magnum populi sui apud Aq. de omni regno vel imperio suo. Dann heisst es im Einzelnen: Et convenerunt episcopi, abbates, comites et senatus Francorum. Waitz III, 500. [3]) Ein. ann. 813 p. 200: Constitutionum, quae in singulis (conciliis) factae sunt, collatio coram imperatore in illo conventu habita. Diese collatio lieferte die concordia episcoporum. Pertz, legg. II, p. 552. [4]) Daher sagt Thegan c. 6, p. 591: Karolus — vocavit filium suum Hludovicum ad se cum omni exercitu. [5]) Hincm. de ord. pal. c. 34: Interdum die uno, interdum biduo, interdum etiam triduo vel amplius, prout rerum pondus expetebat, accepto ex praedictis domesticis palatii missis intercurrentibus, quaeque sibi videbantur interrogantes responsumque recipientes, tamdiu ita nullo extraneo appropinquante, donec res singulae ad effectum perductae gloriosi principis auditui in sacris eius obtutibus exponerentur, et quidquid data a Deo sapientia eius eligeret, omnes sequerentur. [6]) Hincm. a. a. O. c. 35: Quotiescumque segregatorum voluntas esset, ad eos veniret (princeps), similiter quoque, quanto spatio voluissent, cum eis consisteret sqq. [7]) Chron. Moiss.: Mandavit, ut, quidquid in unamquamque synodum definissent, ad placitum constituti imperatoris renunciassent, quod ita factum est. [8]) Wir fügen, wegen der Bedeutung der Sache, zu den oben S. 11 n. 8 angeführten Stellen noch folgende hinzu. In der Vorrede zu den Mainzer Synodalacten heisst es: De his tamen omnibus valde indigemus vestro adiutorio atque sana doctrina, quae et nos iugiter admoneat atque clementer erudiat, quatenus ea, quae paucis subter perstrinximus capitulis, a vestra auctoritate firmentur; si tamen vestra pietas ita dignum esse iudicaverit, et quidquid in eis emendatione dignum reperitur, vestra magnifica imperialis dignitas iubeat emendare: ut ita emendata nobis omnibus et christianae plebi ac posteris nostris proficiant ad vitam et salutem et ad gloriam sempiternam. Während mit solchen Worten die Mainzer Synode ihr Werk dem Gutachten des Kaisers unterstellt, heisst es in der Einl. der Acten des Concils v. Chalons: Quaedam capitula — dom. imp. praesentanda et ad eius sacratissimum iudicium referenda annotavimus, quatenus eius prudente examine ea quae rationabiliter decrevimus confirmentur, sicubi minus aliquid egimus, illius sapientia suppleatur. Am Schluss der Verhandlungen von Arles heisst es: Quae emendatione digna perspeximus — d. imp. praesentanda decrevimus, poscentes eius clementiam, ut, si quid hic minus est, eius sapientia suppleatur, si quid secus, quam se ratio habet, eius iudicio emendetur, si quid rationabiliter taxatum est, eius adiutorio divina opitulante clementia perficiatur. In der conc. episcc. c. 12 heisst es: Haec et his similia, quae sacer iste conventus consideravit, usque ad arbitrium domni imperatoris reservata sunt, ut de omnibus, quod ei placuerit, statuat, quod autem aliter, emendet.

Karl war sehr erfreut über die Ergebnisse der synodalen Berathungen;[1]) dennoch machte er von der in Rede stehenden Befugniss Gebrauch, indem er aus den dreiunddreissig Capiteln, über welche sich die Curie der Bischöfe einigte, sechsundzwanzig auswählte und ihnen zum Theil eine eigenthümliche Fassung gab.[2]) Diese wurden als „**Auszüge aus den Concilienbestimmungen**" *(excerpta canonum)* und als zweiter Theil des Capitulars von 813 zum Reichsgesetz hinzugefügt. Das gesammte Capitular aber — Geistliches wie Weltliches — wurde im Namen und mit der Unterschrift aller versammelten Reichstagsmitglieder veröffentlicht.[3]) Aber auch die ausführlichen Verhandlungen der Concilien selbst behielten daneben ihre Bedeutung und standen in grossem Ansehen.[4]) Karl liess sie mit der auf dem Reichstage gemachten Zusammenstellung durch die Bischöfe zum Reichsarchive in seiner Kapelle hinzufügen; ebenso waren sie auch in Abschriften in den Metropolitanstädten Mainz, Arles, Tours, Reims und Chalons s. *Saône* aufbewahrt, damit die Kirchen der verschiedenen Provinzen diese wichtige Arbeit immer zur Hand hätten.[5]) Die gesammten Acten sollen von Karls Notarien in drei Bänden zusammengestellt worden sein.[6])

Der nicht-geistliche Theil des Capitulars von 813.

Ausser jenen sechsundzwanzig geistlichen Capiteln, die in engster Beziehung zum Kirchenrecht standen, enthält das Capitulare, welches von der Reichsversammlung ausging, auch zwanzig weltliche Gesetze, die als solche sich an die im fränkischen Recht geltenden politischen und Volksrechte anschlossen. Als Vertreter dieser Volksgesetze werden in der Einleitung das **salisch-fränkische**, das **burgundische** *(lex Gundobada)* und das schon damals in hohem Ansehen stehende **römische** genannt.[7]) Insofern aber die politischen Capitel mit den geistlichen zusammen in fortlaufender Zählung und — wie wir eben sahen — unter gemeinsamer Autorität veröffentlicht wurden, stellt sich das Capitular, wie viele andere aus der karolingischen Zeit, als ein gemischtes *(capitulare duplex)* dar.[8])

---

[1]) In der angef. Stelle der vita Bernhardi, Bouquet V, v. 481, heisst es: Quid statutum fuerit, cum summo studio Augusto dirigunt. Quae ille omni cum gaudio suscipiens etc. [2]) So z. B. hatte die concord. episcoporum das Gebot der Predigt mit mehreren verwandten Verfügungen in ihrem zehnten Capitel nur durch den Hinweis auf das Concil von Tours aufgenommen. Karl fasste es in einem besonderen Capitel (cap. 14) der excerpta canonum viel bestimmter: De officio praedicationis, ut iuxta quod intelligere vulgus possit assidue fiat. Sehr merkwürdig ist die Fassung, welche Karl dem Gesetz, von welchem der 20. Canon der Synode v. Chalons handelt, gab. Das betreffende 10. Capitel der excerpta canonum lautet: Ut comites et iudices seu reliquos populos (sic!) obedientes sint episcopo, et invicem consentiant ad iustitias faciendas et munera pro iudicia (s.!) non accipiant. Im Allgemeinen herrscht grosse Uebereinstimmung. [3]) Cap. Aq. 813 (Pertz legg. I, 187) heisst es in der Einleitung: Kar. — cum epp., abbat., comitibus, ducibus omnibusque fidelibus christianae eccles. consensu constituit — capitula ista in palatio Aquis, ut unusquisque fidelis iustitias ita faceret, quae et ipse manu propria firmavit. [4]) S. darüber **Binterim**, Deutsche Concilien II, 344. Zunächst bezieht sich das dort Gesagte auf die Beschlüsse der Mainzer Synode. [5]) Ein. ann. 813, p. 200: Constitutionum quae in singulis (conciliis) factae sunt collatio coram imperatore in illo conventu habita; quas qui nosse voluerit, in supradictis civitatibus invenire poterit, quamquam et in archivo palatii exemplaria illarum habeantur. Man vergl. dazu die folgende Anm. [6]) In der wiederholt benutzten Stelle der vita Bernh. Viennens. (Bouquet V, 481) heisst es, Karl habe gewollt, dass die fünf Synoden alle an demselben Tage abgehalten würden, und dass de praelibatis capitulis omnes devote tractarent: et quidquid illorum peritia vel spiritu sancto revelante sacta maturiusque inventa fuissent, fideli cura examinata offerre studerent. Gratias autem Deo reddiderunt omnes, quod tam sapientem tamque prudentem **ecclesiae suae Christus fecerit regem**, qui non solum pacem cunctis mortalibus exoptatam sua industria tribueret, verum etiam animarum curam non parum penderet et omnes salvandos Christo gubernante sua adhortatione vellet. Denique synodalem institutionem **secundum regis edictum** custodiunt; illustrante illos superna clementia, quae iusserat adimplentes ac per quinque loca concilia celebrantes, sicut iam dictum est, Mogontiaci videlicet, Remis, Turonis, Cabilone, Arelate: quid statutum fuerit — ille (Karolus) — accitis notariis in tria volumina dirigere praecepit, sicque legenda ecclesiis tradidit. Von der Stelle ist erst hier grösserer Gebrauch gemacht worden, weil sie aus einer etwas späteren Zeit (Mitte des 9. Jahrhunderts) stammt. [7]) Dies scheint mir das: constituit ex lege Salica, Romana atque Gundobada, zu bedeuten. S. über den Sinn dieser schwer verständlichen Worte Waitz III, p. 516 n. 2. [8]) Mit Unrecht verbessert deshalb v. Eckhart F. O. II, 82 den Chronisten von Moissac, weil derselbe sagt: Et ibi (auf der Reichsversammlung) constituit capitula numero 46 de causis, quae erant necessariae ecclesiae dei et christiano populo. Wir haben hier vielmehr wieder ein merkwürdiges Zeugniss von der engen Zusammengehörigkeit von Staat und Kirche, von weltlichen und religiös-kirchlichen Bestimmungen in den Anschauungen und der Praxis des karolingischen Regiments. Den Nachweis, welchen Capiteln der Concilien die excerpta canonum und die Bestimmungen der concordia episcoporum entsprechen, findet man bei Pertz und bei Hefele (Conc. Gesch. Bd. III).

Staatshaus-halt. Von den weltlichen Bestimmungen mögen hier nur die wichtigsten nach den verschiedenen Gebieten der Verwaltung aufgeführt werden. Auf den Staatshaushalt bezieht sich die Erinnerung, dass die Zehntel von Erbschaften, die durch einen Boten des Königs geregelt wurden, dem Fiskus überliefert werden müssen.[1] — Die Amtleute der Königshöfe (*curtis, fiscus*) sollen tüchtige Männer sein, die den Königsboten Rechenschaft abzulegen vermögen.[2] Solche Amtmänner hatten die königlichen Interessen in jedem Hofe zu vertreten.

Auf die Masse wilder Thiere, welche damals die meist noch ungelichteten Wälder des Frankenreichs bargen, lässt die Verfügung schliessen, dass in jeder Grafschaft zwei Waldjäger bestellt werden mussten. Diese Männer sollten sogar — für so nöthig wurde ihre Wirksamkeit befunden — vom Kriegsdienste befreit sein.[3] Wer von den Kirchen Benefcien habe, der solle auch, nach einem aus den Conciliencten[4] herübergenommenen Capitel, für den Bau und die Unterhaltung der kirchlichen Gebäude, besonders der Dächer, sorgen.[5] Es gab nicht nur viele Laien, die von der Kirche Beneficien inne hatten und in ihrem Schutze standen, sondern es gab auch Kirchen, die vom Kaiser an Getreue verliehen waren.[6]

Rechtspflege. Wenn sich die Beschlüsse der Synoden, meist in der Form von Ermahnungen, auch vielfach auf Grafen, Richter und überhaupt auf Laien bezogen, so enthält andererseits der weltliche Theil des Capitulars auch Verfügungen, welche die Geistlichkeit angehen. Eine solche steht sogar an der Spitze. Sie betrifft die schon erwähnte Verpflichtung der Bischöfe, die jährliche Bereisung ihrer Sprengel[7] zur Theilnahme an der Gerichtsbarkeit bei schweren Verbrechen: Mord, Ehebruch, Unzucht, zu benutzen.[8] Der hier festgestellte Grundsatz war sehr wichtig und es ist deshalb das betreffende Capitel vorangestellt. Waren die Verbrecher von guter Familie — man sah also auch auf die Herkunft —[9] so sollten sie vor den König und Kaiser geführt und von diesem, nach altem Herkommen, gerichtet werden.[10] Sie wurden meist ins Elend geschickt.

Habgier und Bestechlichkeit müssen auch in den ruhmreichen Tagen Karls recht üppig gewuchert haben; denn auf den Synoden hatten die Geistlichen nicht blos ihre Standesgenossen deshalb vielfach angeklagt, sie hatten auch die Richter daran erinnert, dass sie Jedem, der ihres Rathes bedürfe, unentgeltlich das Recht weisen müssten.[11] Nach fränkischem Brauch mussten Rechtsbescheide umsonst ertheilt werden. Die Reichsversammlung sah sich auch veranlasst, mit der grössten Strenge zu verbieten, dass zum Tode verurtheilte Räuber für dargebotene Geldsummen in Freiheit gesetzt würden.[12] Die Todesstrafe und das Blutgericht erfuhren durch die Kirche und ihre Zuchtmittel eine Einschränkung, dagegen waren Karls Gesetze darin weit strenger, als das Herkommen. Dieses gestattete selbst den Todtschlag durch eine Entschädigungssumme (Composition), welche nach dem Wehrgelde (Manngelde) des Geschädigten oder Getödteten abgemessen wurde, zu büssen. Ein solcher Grundsatz widerstrebte dem christlichen Geiste der karolingischen Gesetzgebung. Daher erscheint die Todesstrafe häufiger und Karl verfügte durch die Reichsversammlung, dass Richter und Vicare einen Galgen in Bereitschaft haben müssten.[13]

Konnte man eines Verbrechers, namentlich eines Räubers, nicht habhaft werden, so wurde er mit dem Königsbann belegt. Den Gebannten durfte Niemand beherbergen, sein

[1] Capit. Aquisgr. 613 c. 7, p. 138: De hereditate inter heredes si contentione egerint, et rex eorum rem ad illam divisionem transmiserit, decimum mancipium et decimam virgam hereditatis fisco regio datur. [2] C. Aquisgr. c. 19. p. 139: Ut vilicos bonos (sic!) — eligatur, qui sciat rationem minus nostro reddere. Vergl. Waitz IV, S. 121. [3] C. A. c. 8, p. 188: Ut vicarii loparios habeant, unusquisque in suo comitatu duos. Et ipsi de bonte pergendi et de placito comitis vel vicarii ne custodiant, sint clamor super eos veniat. [4] Conc. Arel. c 25; Mog. c. 42; Tur. c. 46. [5] C. A. c. 24. p. 190: Quicumque beneficium ecclesiasticum habet, ad tecta ecclesiae restaurandum vel ipsas ecclesias omnino adinvet. [6] In unserem Capitular heisst es c. p. 188: Nostras (ecclesias) a nobis beneficio datas. [7] Conc. Cabil. c. 14; Arel. c. 17; vgl. Rem. c. 19; Arel. c. 13. [8] Capit. Aquisgr. c. 1, p. 188. S. oben S. 14 Anm. 9. [9] Einen eigentlichen Adel hatten die Franken nicht. Waitz V. G. IV, 275 ff. [10] C. A. c. 12 p. 188: Ut homines boni generis, qui intra comitatu iniqne vel iniuste agunt, in praesentia regio dirantur; et rex super eos districtionem faciat carceranai, exiliandi neque ad correctionem illorum. Das Latein der Capitularien ist durchgängig barbarischer, als das Kirchenlatein der Conciliencten. [11] Conc. Rom. c. 39; Turon. c. 35. [12] C. A. 813 c. 13. 188: Ut vicarii minime accipiant pro illos latrones, qui ante comitem iudicati fuerint ad mortem. Quodsi hoc perpetraverint, tale indicium sustineant, sicut et latro iudicatus fuerit. Qua postquam rrabini eum deindicaverint, non est licentia comitis vel vicarii ei vitam concedere. [13] C. A. c. 11: Ut iudices vel vicarii patibulum habeant.

Besitzthum war verfallen. Hatte der Schuldige seine Strafe abgebüsst, so konnte der Bann aufgehoben werden.[1]) Der Bann schreckte aber nicht nur den für vogelfrei erklärten Verbrecher, er schützte auch den Unschuldigen. Alles sollte durch ihn sicher sein, selbst das Thier unter dem Joch sollte — so lautete das Gesetz — „Frieden haben durch den Bann des Königs.[2]) So reichten sich Kirchen- und Königsfrieden die Hand, und weltliche und kirchliche Obrigkeit begegneten sich in dem Bestreben, des Reiches Frieden und Sicherheit zu befördern.

Wohl war es kein allgemeiner Kriegszug, der die Heerbannspflichtigen auf der diesjäh- Kriegswesen rigen grossen Zusammenkunft beschäftigte: Karls geehrter und gefürchteter Name hielt die Feinde von des Reiches Grenzen. Wer konnte aber dafür einstehen, dass nicht bald neue Gefahren drohten. Daher gebot es auch, die Vorsicht, im Frieden für den möglichen Krieg zu rüsten. So finden wir denn mancherlei, was das Kriegswesen betrifft, verfügt und angeordnet. Besonders lehrreich ist das, was sich auf die Waffen und Gegenstände der Ausrüstung bezieht. Lanze und Schwert oder ein Bogen mit zwei Sehnen und zwölf Pfeilen waren die vornehmsten Waffen, die jeder Mann haben musste.[3]) Keiner dagegen durfte statt der ordentlichen Waffen einen blossen Knüttel mitbringen.[4]) Lanze und Schild und ein Halbschwert waren die Waffen der Reiter;[5]) Helm und Panzer hatten wohl nur Vornehmere.[6]) Wer auf dem Feldzuge begriffen war, durfte Feuer, Wasser, Futter für das Vieh und wohl auch Holz fordern; nahm Einer mehr, so wurde er bestraft.[7]) Sollte ein Reichsaufgebot stattfinden, so geschah dies mittelst königlicher Schreiben und Boten: die Grafen aber hatten in ihrem Amtsbezirk die Einzelnen aufzufordern, welche die Verpflichtung hatten, dem Heere zu folgen. Allgemein war die Verpflichtung nicht, da wir sehen, dass auf einen besonderen Befehl Rücksicht genommen wird.[8]) Der Graf musterte die Rüstung derjenigen Leute, welche keine kirchlichen Beneficien hatten. Bei den Vassen der Geistlichen versahen deren eigens bestellte Amtleute dieses Geschäft.[9]) Unter den Würdenträgern der Kirche standen ja oft sehr zahlreiche Vassallen, selbst Äbtissinnen hatten solche.[10]) Wir finden auch in dem Capitular eingehende Bestimmungen über die Beschaffung und Beförderung des bedeutenden Heergeräths und Rüstwerks. Da war für Zelte, Pfähle und allerlei Schanzwerkzeug, für Kochgeschirr und für Alles, was zur Ausrüstung eines Heeres nöthig ist, zu sorgen. Die Fortschaffung der Wurfgeschosse gehörte zu des Marschalks Verpflichtungen.[11]) Die Sorge für die Herstellung von Brücken und Schiffen zum Uebersetzen über Flüsse lag jedem Grafen in seinem Amtsbezirk ob.[12]) — Die Getreuen des Königs waren verpflichtet, einander in allen Kämpfen, die ein Einzelner von ihnen zu bestehen hatte, Beistand zu leisten. Versagte Einer die gewünschte Hülfe, so wurde er mit dem Verlust der Beneficien bedroht.[13])

Mit wahrhaft rührender Sorgfalt suchte der alternde Kaiser, der seiner nahen Auflösung Fragecapitel entgegensah, die Uebel des Staats und der Kirche, wo sie nur zu seiner Kenntniss gelangten,

---

[1]) C. A. c. 13: ..... si bannus ei iudicatus fuerit, et banno peracto, stet in eo interim, usque-dum comiti et qui clamorem vel causam ad eum habuit (satisfecerit) et tunc sit foris banno. [2]) C. A. c. 3: Ut iumenta pacem habeant similiter per bannum regis. [3]) C. A. c. 9: Et ipse comis praevideat, quomodo sint parati, i. e. lanceam, scutum aut arcum cum duas cordas, sagittas 12. [4]) C. A. c. 17: Quod nullus in hoste baculum habeat, sed arcum. [5]) S. encyclica. P. Legg. I, 145. [6]) C. A. c. 9 p. 188: habeant galeas et loricas. Ueber die verschiedene Auffassung der Stelle s. Waitz IV 457 n. 7. [7]) C. A. c. 10 p. 188. [8]) C. A. c. 9: De hoste pergendi, ut comiti in suo comitatu per bannum unumquemque hominem per 60 sol. in hostem pergere bannire studeat. Waitz IV, 452. [9]) C. A. c. 91: Nach bannire studeat heisst es in dem Capitel, welches in der vorigen Note angeführt ist, weiter: Comis praevideat, ut homines ad placitum denunciatum ad illum locum ubi iubetur veniant. Et ipse comis praevideat, quomodo sint parati. Et episcopi, comites, abbates hos homines habeant, qui hoc bene provideant. [10]) Conc. Cabil. c. 63 stebt: Ut nullus vassus abbatissae est. [11]) C. A. c. 10: Ut regis spensa in carra ducatur, simul episcoporum, comitum, abbatum et optimatum regis, farinam, vinum, bacconen et victum abundanter, molas dolatorias, secures, taretros, fundibulas et illos homines, qui exinde bene sciant iactare. Et marscalci regis addacant eis petras in saumas viginti, si opus est. Et unusquisque hostiliter sit paratus; et omnia utensilia sufficienter habeant. [12]) Et unusquisque comis habeat pontes bonos, naves bonas habeant in illo weiter. 10 weiter. [13]) C. A. c. 20 p. 189: Et si quis de fidelibus nostris contra adversarium suam pugnam aut aliquod certamen agere voluit, et convocavit ad se aliquem de comparis suis, ut ei adiutorium praebuisset, et ille noluit et exinde negligens permansit, ipsum benefici-um quod habuit auferatur ab illo et detur ei, qui in stabilitate et fidelitate sua permansit.

im ersten Keime zu ersticken. Davon geben die fragenden Capitulare des Jahres 811 Zeugniss,[1] davon zeugen auch ein paar Frage-Capitel, welche dem Capitular dieses Jahres angehängt sind. Sie tragen den Charakter von Erwähnungen und betreffen Dinge, die vor der endgültigen Entscheidung erst genauerer Nachforschung bedurften. Das eine handelt von Solchen, welche, von Andern wegen Todtschlags oder sonstiger schweren Verbrechen befehdet, den Kirchenfrieden missbrauchten, indem sie an Sonn- und Festtagen öffentliche Störungen verursachten[2]. Das zweite betraf die deutschen Gegenden (*partes Austriae*, Austrasien) besonders. Es war zu Karls Ohren gekommen, dass dort Priester argen Missbrauch mit der Beichte trieben, indem sie Räuber, die sie aus der Beichte kannten, für Geld angäben[3]. Man sollte diesen Dingen fleissig nachforschen[4].

Gesandtschaft an die Dänen.

Vom Reichstag wurden einige fränkische und sächsische Grosse über die Elbe an die Grenze der dänischen Normannen geschickt, um mit ihnen einen von den Dänenkönigen begehrten Frieden zu schliessen und denselben ihren Bruder Hemming[5] auszuliefern. Mit diesen Gesandten kamen in gleicher Zahl, zu sechzehn nämlich waren sie, dänische Grosse an einem bestimmten Orte zusammen. Der Friede wurde von beiden Seiten bekräftigt und der Bruder der Könige zurückgegeben[6]. Diese selbst aber waren zu der Zeit nicht zu

Westarfolda.

Hause, sondern sie waren auf einem fernen Kriegszuge gegen Westarfolda begriffen, wo sie aufsässige Häuptlinge mit ihren Leuten zum Gehorsam zu bringen hatten. Westarfolda, in der nordischen Namensform Vestrfold, ist der Name für die Gegend im Südwesten des heutigen Christiania, ungefähr die Südspitze von Norwegen. Die Landschaft lag im äussersten Nordwesten des Reichs der Könige, und nach dem damaligen Stande erdkundlicher Kenntnisse ist sie genau genug bezeichnet, wenn es heisst, dass die äusserste Nordspitze Britanniens auf sie hinweise[7]. Das nicht sehr kleine und nicht gefahrlose Meeresbecken zwischen Jütland und Norwegen setzte den Kriegszügen der Normannen keine Schranken; denn die kühnen Wikingssöhne kämpften eben so furchtlos mit den Wogen der nordischen Meere, wie mit dem Feinde auf dem Festlande.

Westerfolda wurde bezwungen, die Könige kehrten zurück und empfingen den von Karl ihnen zugeschickten Bruder. Aber sie sollten sich der Früchte ihres Sieges und des Friedens mit Karl nicht lange freuen, denn sie wurden kurz nach ihrer Rückkehr vom Throne

Hariold und Reginfrid vertrieben.

verdrängt. Dies geschah auf folgende Weise: Das Geschlecht jenes Godofrid, der noch im Jahre 810 als Dänenkönig die stolzesten Drohungen gegen Karl geäussert hatte,[8] war zwei Jahre nach des Letzteren Tode von den Nachkommen eines früheren Dänenkönigs Hariold verdrängt worden,[9] und die neuen Herrscher, Hariold und Reginfrid, waren mit Karl in Friedensunterhandlungen getreten. Aber die verbannten Söhne Godofrids hatten mit vielen Anhängern bei den Sueonen oder Schweden eine Zufluchtsstätte gefunden. Nun kehrten sie mit zahlreichen Mannschaften zurück, die sie in Schweden gesammelt hatten, und dazu kamen bald starke Züge aus allen Gegenden des Dänenreichs. Dies war offenbar ihr alter Anhang, und Hariold und Reginfrid mochten wohl noch nicht fest in ihrer Herrschaft stehen, worauf auch der Umstand schliessen lässt, dass Westerfolda erst zum Gehorsam gebracht werden musste.

[1] S. darüber Leibniz: Ann. imper. Brunsv. I, p. 275, 6. [2] C. A. 813 c. 26* p. 190: Ut inquirator diligenter de faidosis homicibus, qui solent incongruas commotiones facere, tam in dominicis diebus, quamque et aliis festivitatibus, nicuti et in feriaticis diebus. [3] C. A. 813 c. 26* p. 190: Ut hoc inquiratur, si de partibus Austriae verum est, quod dicunt, aut non, quod presbyteri de confessionibus, accepto pretio, manifestent latrones. [4] Zwei weitere Zusätze der end. Gandavensis über das Klosterwesen sind nur weitere Ausführungen von c. 5 und 6 der Conciliansauszüge. [5] Ein ann. 813. [6] Ann. Ein. p. 200; chron. Moiss. p. 289. [7] Westarfolda — quae regio, ultima regni eorum inter septentrionem et occidentem sita, contra aquilonalem Brit aniae summitatem respicit. So Ein. ann. 814. Pertz, nach Gebhardis dänischer Geschichte und darnach Abel (Uebers. S. 121, a. 5) bemerken zu der Stelle, Westarfolda sei Waestenland in südlichen Jütland; Leibniz (ann. imp. I, p. 291, a. 12) denkt an das äusserste (also nördliche) Jütland; v. Eckhart (F. Or. II, 85) weiss jedoch auf das südliche Norwegen hin. So auch Zeuss (die Deutschen und die Nachbarstämme S. 517). Für die letztere Annahme spricht namentlich Einhards angeführte Beschreibung. Auch sagt er, die Könige seien auswärts (domi non erant) gewesen, als sie gen Westarfolda gezogen seien. Und wenn auch der Name Waestenland seiner Form und Bedeutung nach dem Namen Westarfolda (nordwest Vestrfold) nicht widerspricht, so ist doch der Unterschied hervorzuheben. Dass sehr alte sowohl nationale als dynastische Verbindungen zwischen Norwegen und Dänemark bestanden haben, braucht kaum noch bemerkt zu werden. [8] Ein. ann. 800. [9] Ein. ann. 812.

So wurden sie ohne grosse Mühe vertrieben. Bei den benachbarten Abotriten,[1] den slavischen Bundesgenossen Karls im heutigen Meklenburg, fanden sie eine willige Aufnahme, weil Godofrid dieses Volk hart geplagt hatte.[2]

Die Franken blieben aber die natürlichen Bundesgenossen der vertriebenen Könige, weil Godofrids Söhne es mit den mächtigen Liutizen hielten, mit welchen Karl wiederholt zu kämpfen hatte. Daher suchten die fränkischen Mannschaften, welche in diesen nordöstlichen Marken standen, dem Heriold, Reginfrid und Hemming wieder zur Herrschaft zu verhelfen.[3]

Haben uns die oben erzählten Ereignisse die Spuren einer umfassenden Bewegung in den nordischen Reichen gezeigt und unsere Blicke nach jenen Gegenden hingelenkt, so ist es auch wahrscheinlich, dass mit der Rückkehr von Godofrids Söhnen ein feindlicher Ueberfall der Normannen in Friesland zusammenhängt.[4] Die schlimmen Gäste hausten in einer Weise, die leider bald zu den regelmässigen Erfahrungen der Küstenländer des Frankenreichs gehörte. Sie richteten arges Unheil an, raubten Männer und Weiber und nahmen eine grosse Beute mit sich fort.[5] Der Name Friesland erstreckte sich damals weiter als heute, von den belgischen Gegenden bis über die Weser und über die im Westen von Schleswig und Holstein gelegenen Inseln, welche man noch heute die nordfriesischen nennt. Zu den Friesen gehörten auch die Vorfahren der heutigen Vläminger und Holländer. Schon damals trieben sie sehr starke Schifffahrt und wegen ihrer engen Beziehungen zum Wasser verglich man sie mit den Fischen.[6]

Der Schutz der Küsten gegen die immer kühner auftretenden nordischen Seeräuber beschäftigte Karl noch in seinen letzten Lebensjahren.[7] So hatte er im Jahre 810 Schutzflotten zur Küstenwacht gegen sie bauen lassen. Im Herbst des folgenden Jahres besichtigte er die Flottenabtheilung in der Schelde bei Gent, auch liess er den alten Leuchtthurm bei Boulogne erneuern und ein Leuchtfeuer daselbst anlegen.[8]

Nachdem die Gesandtschaft an die Normannen auf einige Augenblicke unsere Aufmerksamkeit zu den Nordgrenzen des Reichs gezogen hat, kehren wir zu den Ereignissen in Aachen zurück. Hier schritt Karl, als auf dem Reichstage die inneren und äusseren Angelegenheiten des Reichs mit der grössten Sorgfalt geordnet waren, zur Erfüllung einer hochwichtigen Aufgabe, womit er in würdigster Weise seine Regierungsthätigkeit beschloss. Es galt nämlich, durch die, wie wir gesehen haben, schon vorbereitete Erhebung seines Sohnes Ludwig, des Königs von Aquitanien, zum Kaiser sich einen Gehülfen und Nachfolger auf dem Throne zu bestellen. Die grossartige staatsmännische Thätigkeit, welche der Vater vor Ludwigs Augen entwickelte, mochte wohl von mindestens eben so wichtigem Einfluss auf ihn sein, als die herrlichen Worte, welche er bald nachher zu ihm sprach.

Nochmals berief Karl die zum Reichstag versammelten Bischöfe, Äbte, Grafen, die vornehmen Franken und die Gemeinfreien zu einer feierlichen Sitzung.[9] In einer eindringli-

Marginal notes: Einfall der Normannen in Friesland. · Karls Ansprache an den Reichstag.

---

[1] Chron. Moiss. 813: Et illi fugerunt usque ad Abdriti. Aus den letzten Worten entstand durch Missverständnis die Lesart ad abdita. Einhard schreibt Abodriti, doch kommt der Name in der mannichfaltigsten Gestalt vor: Obotriti, Obotritae, Abodridi, Abatareni; bei Alfred: Apdrede, Abtreti. [2] S. Schafarik, Slav. Alterthümer II. 519 — 520. Er nennt das Volk Bodriten. [3] Chron. Moiss. 813. P. I, 311; II. 259. Der französische Chronist, welcher fern vom Schauplatz dieser Ereignisse sein Werk zusammenstellte, verwirrt dieselben offenbar, wenn er, nachdem er die Rückkehr der Söhne Godofrids und die Flucht der Könige erzählt hat, schreibt: Inde per milicia domini imperatoris Karoli accepit ab eo dena melta, et remisit eum cum honore et adiutorio, ad fratrem suum, ut iteram requirerent (acquirerent) regnum ipsorum. Hier ist die Auslieferung Hemmings mit der Unterstützung, welche die fränkische Mannschaft (milicia) den Vertriebenen angedeihen liess, zusammengeworfen. [4] Freilich lässt der Chronist von Moissac a. a. O. den Einfall der Normannen der Rückkehr von Godofrids Söhnen vorausgehen S. d. folg. Anm. [5] Chron. Moiss. a. a. O: Exierunt autem Normanni cum navibus suis in Frisia, et fecerunt ibi grande malum, rapuerunt (ceperunt) viros, mulieres et praedam magnam Postea venerunt filii Godofredi ect. — Einhard erzählt diesen Einfall der Normannen nicht. [6] Pertz S.S. II, p. 341 a. 17. [7] Lebhaft erzählt der Mönch von St. Gallen (de g. K. M. II, 14, P. II, 757 — 758), wie Karl bei einer Landung der Normannen im narbonensischen Gallien das Unheil ahnungsvoll voraussagend habe, welchen dieses Volk seinen Nachfolgern zufügen würde. Dort sagt Karl: Non hoc timeo, quod isti naquae et nihili mihi aliquid nocere praevaleant, sei nimirum contristor, quod me vivente nam istud litus istud attingere, et maxime dolore torqueor, quia praevideo, quanta mala posteri mei et eorum sint facturi subiectis. [8] Ein. ann. 811. [9] Chron. Moiss. l.l.: Post haec habuit consilium cum praefatis episcopis et abbatibus et comitibus et maioribus natu Francorum, ut constituerent filium suum Ludovicum regem et imperatorem. So blieb also der römische (nicht

4

chen Rede ermahnte er sie, die Treue, welche sie ihm erwiesen hätten, auch seinem Sohne zu erweisen. Dann fragte er die Versammelten alle, vom Höchsten bis zum Niedrigsten, ob es ihnen gefalle, dass er seinen Sohn Ludwig zum Gehülfen in der Regierung und zu seinem Nachfolger auf dem Kaiserthron erhebe.[1]) Eine freudige Bewegung entstand bei dieser Eröffnung. Das gebühre sich, sagten sie, und dem ganzen Volke gefiele es so.[2]) Das ist Gottes Wink und Eingebung, riefen Alle; denn es gereicht dem Reich und der Christenheit zum Heil und zum Frommen.[3]) Man fühlte wohl, welche Bedeutung es für das grosse Frankenreich, dessen Grenzen so mancher lauernde und ungebändigte Feind bedrohte, haben müsse, wenn der alte Kaiser noch bei seinen Lebzeiten dem eigenen Sohne die Krone aufs Haupt setzte; man ermass auch, wie sehr dieses Ereigniss zur Kräftigung und Befestigung des kaiserlichen Ansehens gereichen würde.[4]) Dass aber die um Karls Thron versammelten Franken des Kaisers Vorhaben als eine unmittelbare göttliche Eingebung und als etwas Gottgewolltes erkannten, war so recht seinen Wünschen entsprechend. Er wollte es, dass die entscheidungsvollen Ereignisse und Beschlüsse seiner Regierung als göttliche Fügungen betrachtet würden.[5]) Wird doch auch seine eigene Krönung zu Weihnachten des Jahres 800 so dargestellt, als sei sie auf einen unmittelbaren göttlichen Wink erfolgt.[6])

Den Sonntag, welcher dieser Berathung folgte, wählte Karl zum Krönungstag.[7]) Der hohe Greis legte seinen kaiserlichen Schmuck an, aber, wie er's liebte, den vaterländischen, fränkischen, denn den römischen hat er nur zweimal auf die besonderen Bitten des Papstes angelegt.[8]) Sein Festschmuck bestand in einem golddurchwirkten Kleide, in Schuhen, welche mit Edelsteinen besetzt waren; der Mantel war durch einen goldenen Haken zusammengehalten; das Haupt zierte eine aus Gold und Edelsteinen zusammengesetzte Krone.[9]) Nie fehlte an seiner Seite das Schwert[10]); und da dieses als ein Sinnbild des Schutzes, den das Kaiserthum der Kirche angedeihen liess, betrachtet wurde,[11]) so konnte es zu der bevorstehenden Feier nicht fehlen. Jedenfalls war es aber heute das mit Edelsteinen besetzte, welches Karl nur bei besonderen Festlichkeiten zu tragen pflegte.[12]) So schritt er in feierlicher Würde einher, „prächtig, wie es sich für ihn ziemte," sagt ein gleichzeitiger Berichterstatter;[13]) doch musste er sich, als er den feierlichen Gang in die Kirche antrat, auf seinen jugendlichen Sohn stützen.[14]) Die wohl nicht ganz überwundene Fussgicht und die Hinfälligkeit des Alters erschwerte dem hohen, stattlichen Körper die freie Bewegung.

Karl ging nun mit seinem Sohne in das von ihm selbst erbaute Marienmünster[15]) und zu der weltgeschichtlich bedeutsamsten Feier, die wohl jemals in der berühmten Königsstadt begangen wurde. Die merkwürdige Kuppelkirche, die Karl mit so viel Sorgfalt und Mühe in diesem Mittelpuncte seines Reiches hatte aufführen lassen, stellte selbst sinnbildlich das karolingische Kaiserthum dar. Zwar war der Säulengang, welcher das „heilige Palatium" mit der Kirche verbunden hatte, am Himmelfahrtstage dieses Jahres eingestürzt;[16]) aber der Zusammenhang der kaiserlichen Würde mit der christlichen Kirche war damit nicht geschwächt.

fränkische) Kaiser zugleich König der Franken. Der Kaisername hatte einen mehr idealen Charakter. Thegan (c. 6) sagt von dieser Versammlung: (Karolus) habebit magnum colloquium cum eis Aquisgrani palatio. [1]) Thegan c. 6: Interrogans eos a maximo usque ad minimum, si eis placuisset, ut nomen suum, id est imperatoris, filio suo Ludovico tradidisset. [2]) Chron. Moiss. II, 259. [3]) Susceptum est hoc eius consilium ab omnibus, qui aderant, magno cum favore; nam divinitus ei propter regni utilitatem videbatur inspiratum. (Et hoc factum) .... exteris nationibus non minimum terroris incussit. Thegan c. 6: Illi omnes responderunt: Dei esse admonitionem illius rei. [4]) Ein. v. K. M. c. 30: Auxitque maiestatem eius hoc factum. Der Poeta Saxo zum Jahr 813 sagt (P. I, 266): Satis accepere favore Consilium cuncti, cum procum id stile regna Multimodis intelligerent. Hinc aucta refulsit Maiestas Karoli, concordia facta futuris Hinc est temporibus etc. [5]) Hincm. de ord. pal. c. 34; Waitz III, 490. [6]) S. die Darstellung Einhards (v. K. M. c. 28) und des Anastasius (lib. pontif. Murat. S.S R.R Ital. III, 199.) [7]) Thegan c. 6. [8]) Ein. v. K. M. c. 23. [9]) Ein. Ebendas.: In festivitatibus veste auro tecta et calceamentis gemmatis et fibula aurea sagam adstringente, diademate quoque ex auro et gemmis ornatus incedebat. [10]) Ebendas. [11]) S. vita Walae II, 17, Pertz II, p. 564. Lothar sagt zu seinem Vater Ludwig d. Fr.: Diadema capitis et gladium ad defensionem ecclesiae accepi (Mabillon, saec. IV, p. 513). [12]) Aliquoties et gemmato esse alebatur, quod tamen non nisi in praecipuis festivitatibus. [13]) Thegan v. L. P. c. 6. P. II, 592. [14]) Thegan a. a. O.: Sustinuit — filium patrem eundo et redeundo, quamdiu cum eo fuerat filius. [15]) Perrexit ad ecclesiam quam ipse a fundamentis construxerat. Thegan. c. 6. [16]) Ein. v. K. M. c. 32.

Ludwig zum Kaiser gekrönt.

Die Kunst Einhards und anderer Franken hatte sich an diesem frühzeitigen deutschen Baudenkmale versucht, aber behauene Marmorsäulen und Steine, zum Theil gewiss antike Arbeit, hatten Rom und Ravenna liefern müssen.[1])

Mitten durch die feiernde Menge, darunter natürlich die gesammte Reichsversammlung, schritt der alte Kaiser, auf seinen Sohn gelehnt, zum Hochaltar.[2]) Auf diesen liess er die Krone legen, welche des Sohnes Haupt zieren sollte; er selbst trug eine andere Krone.[3]) In der Kuppel, welche sich über dem Altare wölbte, war Christus unter den vierundzwanzig Aeltesten der Offenbarung Johannis (4, 4.) in Mosaik auf Goldgrund ausgeführt.[4]) Vater und Sohn knieten auf des Altars Stufen nieder und Karl flehte zu Gott, dass er zu der bevorstehenden Handlung seinen Segen geben und seinem Sohne das Reich bestätigen wolle.

Endlich erhoben sich Beide[5]) und vor der grossen feiernden Versammlung, vor geistlichen und weltlichen Grossen und der übrigen andächtig theilnehmenden Gemeinde, gab der Vater an heiliger Stätte dem Sohne heilsame Ermahnungen in Betreff der Verwaltung des Reichs, der Sorge für die Kirche und der seiner Herrschaft anbefohlenen Christenheit.[6]) Er ermahnte ihn, vor allen Dingen Gott zu fürchten und zu lieben, seine Gebote in allen Stükken zu befolgen, die Kirchen Gottes zu verwalten und gegen böse Menschen zu vertheidigen. Seinen jüngern Brüdern und seinen Schwestern solle er stets sein volles Wohlwollen erzeigen, die (ausserehelichen) Söhne Drogo, Hugo und Theuderich stellte er ihm noch besonders vor und befahl sie seiner Fürsorge.[7]) Weiter solle er die Priester wie Väter ehren, das Volk wie Kinder lieben, übermüthige und nichtswürdige Menschen mit Gewalt zwingen, den Weg des Heils zu betreten; den Armen und den Klöstern solle er als ein Tröster erscheinen; treue und gottesfürchtige Männer, welche ungerechte Thaten verabscheuten, solle er zu seinen Dienern wählen, keinen ausser auf Grund eines Urtheils seiner Ehren entsetzen und sich jederzeit vor Gott und vor allem Volk untadelhaft erweisen.[8])

Solche und ähnliche Worte sprach der Vater und des Greises grosses Vorbild gab der Ermahnung Nachdruck. Darauf fragte ihn der Vater, ob er in dem, was er ihm anbefohlen, gehorsam sein wolle. Ludwig aber sprach: „Ich will gern gehorchen und mit Gottes Hülfe Alles treulich beobachten, was mir mein Vater eingeschärft hat".

Da nahm Karl die Krone vom Altar und setzte sie seinem Sohne aufs Haupt;[10]) dass er ihm zugleich ein kaiserliches Scepter übergeben habe, steht nur in einer Handschrift der kleinen Lorscher Jahrbücher.[11]) Damit war Jener der Theilhaber der kaiserlichen Würde und der Herrschaftsrechte geworden.[12]) Nur ein einziger, allerdings unverwerflicher

---

[1]) Ein. v. K. M. c. 26: Ad cuius structuram cum columnas et marmora aliunde habere non posset, Roma atque Ravenna devehenda curavit. [2]) Thegan. c. 6: Pervenitque ante altare in eminentiori loco constructum caeteris altaribus et consecratum in honorem domini nostri Jesu Christi. [3]) A. a. O: Super quod (altare) coronam auream aliam, quam ipse gestabat, in capite suo imsit post. [4]) Rettberg, Kirchengeschichte Deutschlands II, S. 809. Zu St. Peter in Rom, da wo Karl den kaiserlichen Namen empfing, fand sich eine ähnliche Darstellung. Auch die in diesen Tagen aufgefundene Malerei der aus karolingischer Zeit stammenden Kirche in Lügde stellt Christus als Herrscher unter den Aposteln dar. Die Vorstellung von der Herrschaft Christi unter den Gläubigen scheint in jener Zeit in besonders starkem Masse beliebt und geläufig gewesen zu sein. [5]) Thegan. c. 6: Postquam diu oraverunt, ipse et filius, locutus est cet. [6]) Docuit autem eum pater, ut in omnibus praeceptum Domini custodiret; chron. Moiss. p. 259. Vgl. annn. v. Lud. 20. Die übrigen Ermahnungen bei Thegan c. 6. Diese Macht der Rede, welche Karl besass (Ein. v. Kar. c. 25 Anfang), jene „majestas sermonis," wie unser Leibniz (ann. imp. I, p. 280) sie bezeichnet, war nicht die geringste seiner ausgezeichneten kaiserlichen Eigenschaften. Er scheint auch nicht geringen Gebrauch davon gemacht zu haben. [7]) Chron. Moiss: Commendavitque ei filios suos, Droconi, Theuderico et Hugone. [8]) Thegan a. a. O: [9]) Ebendas.: Interrogavit eum (Karolus), si obediens voluisset esse praeceptis suis. At ille respondit: libenter obedire et cum Dei adiutorio omnia praecepta, quae mandaverat ei pater, custodire. [10]) So die meisten Quellen. V. Illud. c. 20 p. 617: Imperiali diademate eum coronavit; Ein. v. K. M. c. 30: Impositoque capiti eius diademate; Ann. Laur. mai. und Ein. a. 200: Coronam illi imposuit; ann. St. Emmeram. p. 93: D. Karolus imp. Illud. filio suo coronam imperii imposuit; chron. Molss.: Per coronam auream tradidit ei imperium; ann. Laur. min. I, 121: Imposuit diadema capiti eius; Erm. Nig II, v. 69 p. 480: Et capiti gemma auroque coronam imposuit. An mehreren von diesen Stellen könnte man freilich das Ueberliefern und Aufsetzen der Krone als allgemeine Bezeichnung der durch Karl vermittelten Krönung auffassen. [11]) Ann. Laur. min. I, 121 codex Nemoreus: Carlus magnus imp. nomen imp. imposuit filio suo . . . coronamque imperialem et sceptrum, sicut mos est imperatoribus dare. [12]) Chron. Moiss. p. 259: Per coronam tradidit ei imperium — tradiditque ei ius regni.

4*

Zeuge berichtet, der Vater habe Ludwig aufgefordert, selbst das kaiserliche Diadem vom Altare zu nehmen und auf sein Haupt zu setzen, und dies sei geschehen.[1]) Wie dem auch sei, jedenfalls war durch diese feierliche Handlung dem Frankenreiche ein neuer Kaiser und dereinstiger Thronerbe gegeben und das Volk, das zugegen war, liess durch seinen Ruf: „Es lebe der Kaiser Ludwig", seine Freude und seinen Beifall kund werden.[2]) Karl aber lobte und dankte Gott, weil es ihm vergönnt war, mit eigenen Augen den einzigen Sohn als Erben des väterlichen Thrones in Macht und Ehren zu sehen.[3]) Gemeinsam hörten darauf Vater und Sohn die Messe und nach beendigter Feier begaben sich Beide, Karl auf seinen Sohn gestützt, in den Palast zurück.[4])

Bedeutung
der
Krönung.

Wir haben den merkwürdigen Vorgang vor unsern Augen sich entwickeln sehen, doch lassen wir unsere Betrachtung noch einige Augenblicke dabei verweilen und suchen zu erwägen, welche Bedeutung er in der Vorstellung der Betheiligten gehabt habe, welche er nach unserer durch die seitherige geschichtliche Erfahrung belehrten Auffassung haben müsse. Wollen wir das Erstere mit einiger Sicherheit kennen lernen, so müssen wir uns bemühen, eine Stimme aus jener Zeit selbst zu vernehmen. Eine solche hören wir in den Worten des aquitanischen Mönchs Ermoldus, der in der ersten Hälfte des neunten Jahrhunderts lebte und den geschichtlichen Ereignissen und Personen seiner Zeit nicht fern stand. Er hat uns die Kaiserkrönung Ludwigs in gebundener Rede erzählt. Nach der Krönung selbst lässt er Karl folgende Gedanken aussprechen, in welchen sich die Auffassung der Zeitgenossen spiegelt: „Nimm hin", sagt Karl, „nimm hin die Krone, die Christus verliehen, empfange die Zier der Kaiserwürde. Ich selbst bin von Geburt ein Franke, meine Würde hat mir Christus verliehen, er gab mir das Erbe meines Vaters. Mir war es vergönnt, das Verliehene durch schönere Erwerbungen auszubreiten und die meiner Sorge anvertraute Christenheit zu leiten und zu schützen. Als der Erste unter meinem Volk habe ich den Kaisernamen empfangen und diese Würde als ein Besitzthum der Franken erworben."[1])

Diese Kaiserwürde aber, die durch Karl ins Frankenreich verpflanzt war, hatte in ihm einen so würdigen Träger und Pfleger gefunden, dass sie in kürzester Zeit in dem neuen Boden feste Wurzeln geschlagen hatte und zu einer echt fränkisch-germanischen Erscheinung geworden war. Im Vollbesitz dieser kaiserlichen Macht und Würde krönte er nun den Sohn mit dem kaiserlichen Diadem als dem „Pfande des Kaiserthums und der Herrschaft."[2]) Die Berichterstatter unterlassen nicht, mit klaren Worten darauf hinzuweisen, dass mit der Krönungshandlung die kaiserlich-königliche[3]) Machtfülle dem Sohne übertragen worden sei.[4]) Bei dieser Uebertragung ist nur von Karl die Rede und dieser leitete seine Gewalt unmittelbar von Gott und von Christus, nicht vom Papste her.[5])

Vergleichen wir diesen Vorgang in der Marienkirche zu Aachen mit dem, was am Weihnachtsfeste des Jahres 800 zu St. Peter in Rom geschah, so fällt uns der bedeutende Unterschied bald in die Augen. Es ist schon nicht unerheblich, dass, während damals des Kaisers Kleid und Schmuck, die Salbung, die Adoration, der Zuruf der Menge durchaus römisch waren,

---

[1]) Thegan. c. 6, p. 592: Tunc iussit eum pater, ut propriis manibus elevasset coronam, quae erat super altare, et capiti suo imponeret.... At ille iussionem patris implevit. [2]) Chron. Moiss.: Populo acclamantibus et dicentibus: Vivat imperator Ludovicus. Das ist ein kurzer, deutscher Ruf; die alte feierliche römische Formel, mit der 800 Karl in Rom begrüsst wurde, lautet: Karolo (piissimo) Augusto, a Deo coronato, magno pacifico imperatori (Romanorum), vita et victoria! [3]) Chron. Moiss.: Ipse imp. benedixit dominum: Benedictus es, domine, qui dedisti hodie sedentem in solio meo videntibus oculis meis. [4]) Theg. c. 6, 592: Quo facto audientes missarum solemnia ibant ad palatium. Sustinuit enim filius patrem eet. [1]) Erm. Nig. de cor. Lud. Pii II, 61 ff: Accipe, nate, meam, Christo tribuente, coronam, imperiique deus suscipe, nate, nimul. Francia me genuit, Christus concessit honorem; Haec eadem lenui nec non potiora recepi, Christicolaque fui pastor et arma gregi cet. [2]) Ermoldus a. a. O. nennt die Krone pignus imperii. [3]) Siehe S. 27 Anm. 9. [4]) Ausser der auf d. vor. S. Anm. 12 angeführten Stelle des chron. Moiss. und des Ermoldus in voriger Note Ein. v. K. M. c. 30: Consortem sibi totius regni et imperialis nominis haeredem constituit; aus. Laur. min. I, 121: Karlus imperator constituit Hlodoveum filium suum simul imperare cum eo, imponens diadema capiti eius. [5]) Wie Karl und die fränkischen Herrscher imperium, nicht so auch die griechischen Kaiser. Daher sagt der griechische Metropolit Johannes: Οὐ χεὶϱ κϱαταιὰ τοὺς κϱαταιοὺς δεσπότας, Ἔστεψε Χϱιστὸς καὶ παϱέσχε τὸ κϱάτος (Du Cange, de aliquot numismatibus als Beigabe zu seinem Glossar.)

die ganze Form der Krönung Ludwigs ein deutsches Gepräge hatte. Die Hauptsache aber ist, dass Karls Krönung, soweit es sich nachweisen lässt, nur mit einigen Vertrauten des Kaisers vorher verhandelt worden war, und er sogar Zeit und Umstände, unter welchen sie erfolgte, vorher nicht gewusst haben soll,[1]) Ludwigs Krönung dagegen nach vorhergegangener Berathung und mit der freudigen Zustimmung der Grossen und des gesammten Reichstags[2]) in Karls Hauptstadt durch ihn selbst vollzogen wurde. Auch in der Peterskirche waren Franken zugegen, welche nach vollzogener Krönung durch Leo mit den Römern in den Zuruf „Es lebe der Kaiser" einstimmten; aber damals schlossen sich die Franken nur den Römern in ihrer eigenen Stadt an, in Aachen waren die Reichstagsmitglieder und eine fränkische Gemeinde anwesend.

Auch Rom erntete bei Ludwigs Krönung neue Ehren und in dem erwähnten Gedichte ruft Ermoldus auch dieser Stadt ein „Freue dich" zu.[3]) War doch von dort jene Würde entstammt, sahen sich doch die fränkischen Könige namentlich deshalb befugt, dieselbe anzunehmen, weil dieso Stadt ihrem Scepter gehorchte.[4]) Aber hielten auch die Franken die Stadt mit ihren wunderbaren Denkmälern in hohen Ehren, galt ihnen auch die „heilige Stadt", wo die Schätze heiliger Leiber aufgehäuft waren,[5]) als unveräusserliches Palladium des Reichs,[6]) so betrachteten sie dieselbe doch nur als eine geehrte Dienerin, nicht mehr als die Herrin der Welt, was sie einst gewesen war. Jetzt war sie nur noch eine „heilige Ruine."[7])

Wenn aber viele Männer, unter ihnen auch ein Muratori,[8]) dem man keinen befangenen Eifer für das päpstliche Regiment nachsagen kann, sich wundern, dass bei Ludwigs Krönung des römischen Bischofs keine Erwähnung geschieht, so dass sie glauben annehmen zu müssen, es habe vorher eine Vereinbarung mit demselben stattgefunden, so ist ein solches Befremden wohl daher zu erklären, dass man die Vorstellung von späteren Zuständen auf frühere Zeiten überträgt und nicht unbefangen die karolingische Zeit an sich selbst erfasst. Wie viel kann man nicht schon aus der Betrachtung der vorhin geschilderten Reformsynoden lernen.

Gewiss nicht mit Unrecht hat man geltend gemacht, dass Karl ein persönlicher Freund Hadrians I. war, und dass er, während Leo III. auf dem Stuhle Petri sass, sehr viel zur Kräftigung des Papstthums beigetragen hat. Man hat aber daneben oft übersehen, dass Karl sich nicht im Geringsten geneigt zeigte, dem Bestreben Hadrians nach Vergrösserung seiner Macht und Besitzthümer nachzugeben.[9]) Leo III. vollends, der seine Ruhe und sein Ansehen ganz auf Karls Macht stützen musste, konnte nicht daran denken, die Kaiserkrönung Ludwigs von seiner Zustimmung abhängig erscheinen zu lassen. Wäre dies nöthig gewesen, so würden ja unsere ziemlich ausführlichen Berichterstatter nicht vergessen haben, ein Wort davon zu sagen. Sie gehörten ja alle dem geistlichen Stande an und waren natürliche Freunde des geistlichen Regiments.[10])

_____

[1]) Ein. v. K. M. c. 28. [2]) Gregorovius, Gesch. d. St. Rom im M. A. vom 5. — 16. Jahrh. Bd. III, (1860) S. 18 bemerkt, dass die Wahl zu Aachen am der Zustimmung der schon gegründeten Monarchie im Allgemeinen hervorging. [3]) Erm. Nig. a. a. O. II, v. 79 — 80. [4]) S. den Brief des Kaisers Ludwig II an Basilius beim Anonymus v. Salerno c. 102 (Murat. SS. R. R. Ital. II, p. II, p. 247: Nisi Romanorum imperator essemus, atique non Francorum. A Romanis enim hoc nomen et dignitatem assumpsimus, apud quos profecto primo tantae culmen sublimitatis effulsit, quorumque gentem et urbem divinitus gubernandam suscepimus. Aehnliches ist von der Bedeutung Roms oder anderer Hauptsitze der alten Cäsaren gesagt ann. Laurosh. I, 38; Amakarius v. Willehadi c. 5. P. II, p. 381. [5]) Diese sanctarum corporum gazae, von denen Alkuin in einem Gedichte mit Bezug auf Rom spricht, hatten für die Zeitgenossen eine nicht geringe Bedeutung. [6]) In dem Klagegedicht über die Zertheilung des Frankenreichs nach L. d. Fr. Tode sagt Florus der Diacon: O fortunatum, nonset sua si bona, regnum, Cuius Roma arx est. (Bouquet, Recueil VII, p. 302). [7]) Ueber den Verfall Roms seit der Zeit, wo Constantin Byzanz zum Hauptsitz seines Reiches erhob s. die schöne Abhandlung von Wilmans in Schmidts Zeitschr. für Geschichte. Berlin 1844 S. 132 — 153. Der Longobarde Paul Warnefrid in dem Liede über die Bischöfe von Metz sagt, wo er von der Erwerbung Roms durch Karl spricht: Urbem Romuleam, quae aliquando totius mundi domina fuerat, deris angustus (von den Longobarden) eximens suis addidit sceptris. P. II, 265. Alkuin aber sagt in einem Gedicht, wo er von Rom redet: Nunc remanet tantum sacra ruina tibi. (Alc. opp. ed. Froben. II, I p. 208: De rerum humanarum vicissitudine et de clade Lindisfarnensi.) [8]) Gesch. von Ital. z. J. 813. [9]) Wie dies jüngst Sigurd Abel scharfsinnig gezeigt hat. (Forschungen zur deutschen Gesch. Bd. I Göttingen 1862: Papst Hadrian I. und die weltl. Herrschaft des röm. Stuhls S. 453 — 531.) [10]) Leibniz, ann. imp. Brunsvic. I, p. 290 — 291.

Noch schlummerte aber auch der Keim päpstlicher Ansprüche, welcher später zu einem so mächtigen Reise emporschoss, dass er das Kaiserthum, von dem die geistliche Gewalt so viel Saft und Kraft erhalten hatte, überschattete und sein Gedeihen hinderte. Gleichsam die ersten Blüttchen öffnete dieser Keim, als Leos Nachfolger Stephan im Jahre 816, kurz nachdem er den päpstlichen Stuhl bestiegen hatte, zu Ludwig über die Alpen kam, um ihm in wunderbarer Freundlichkeit die Salbung zu ertheilen und eine Krone — man sagte, es sei die Krone Constantins gewesen — aufs Haupt zu setzen. Ermoldus lässt bei dieser Handlung Stephan das bezeichnende Wort sprechen: „Huldigend verleiht dir Petrus diese Gabe."[1] Nach Rom wagte wohl Stephan nicht den Nachfolger Karls einzuladen, sondern bis nach Reims reiste er ihm entgegen. Ludwig, obwohl er namentlich in jenen ersten Jahren seiner Regierung die vom Vater ihm übertragene Würde und die ererbten Herrscherrechte hoch hielt, liess sich diese Krönung sowie die zugleich erfolgende seiner Gemahlin Irmengard gefallen. Sein kaiserliches Regiment aber datirte er in seinen Urkunden nicht von der Krönung durch Stephan, sondern entweder von der von seinem Vater vollzogenen oder — und so in den meisten Fällen — von dessen Tode an.[2]

Am Krönungstage herrschte grosse Freude unter dem Volk, und Festgelage wurden am Hofe angestellt.[3] Nachdem die Feier beendet war, entliess der alte Kaiser alle seine Getreuen, Weltliche wie Geistliche, damit ein Jeder mit neuem Eifer an sein geheiligtes Werk ginge.[4] Dass die treuen Männer, als sie von dem ehrwürdigen Greise, unter dem sie so lange die wichtigen Geschäfte des grossen Reiches geführt hatten, Abschied nahmen, mehr Thränen des Schmerzes als der Freude vergossen, braucht uns nicht erst der treue Sachse, der am Ende des neunten Jahrhunderts Einhards Jahrbücher überarbeitete, zu versichern.[5] Wohl mussten sie ahnen, dass sie den hohen und geliebten Herrn hier zuletzt mit ihren Augen sähen, und mit gewaltigem Ernst musste es vor ihre Seele treten, dass auch die erlauchteste, mächtigste Erdengrösse dem schnellen Wechsel der Zeit unterliegt.

Den Sohn hielt Karl noch einige Tage bei sich, dann gab er ihm reiche Geschenke und liess ihn wieder nach Aquitanien zurückkehren, bis ihn des Vaters Tod an die Spitze des Reichs stellen würde.[6] Es war ein rührender Auftritt, als der Vater seinen kaiserlichen Sohn entliess. Als sie sich beim Abschied umarmten und küssten, so berichtet uns der gleichzeitige Trierer Chorbischof Thegan, Freudenthränen der Liebe über ihre Wangen.[7] Gewiss hatte aber, eben weil sie sich so lieb hatten, der Schmerz auch hier bei den Gefühlen der Trennung seinen reichen Antheil. Vater und Sohn ahnten es ebenfalls, dass diese Umarmung die letzte, diese Küsse die letzten sein würden, welche sie Beide bei Lebzeiten noch wechselten. Sollte der weise, so Vieles vorausahnende Vater nicht auch schon fühlen, dass das weite, so mannichfach zusammengesetzte Frankenreich zu schwer auf den Schultern eines zwar wohlgesinnten, aber weichgearteten und mehr den mönchischen Uebungen als den Herrscherkünsten ergebenen Sohnes lasten würde! Die nachfolgende Zeit sollte es bald erkennen.[8]

Unter den Verwandten, welche Karl bei der Uebertragung der Kaiserkrone der Fürsorge Ludwigs empfahl, wird besonders hervorgehoben dessen Neffe Bernhard, wie wir gesehen haben, der Sohn Pipins, des Königs von Italien.[9] Als der Letztere am 8. Juli 810 in dem

[1] Erm. Nig. II v. 449. P. II, 486: Hoc tibi Petrus orans cecinit, mitissime, donum. [2] S. Boehmer, regg. Karolorum. Schon v. Eckhart F. Or. II, 84 führt Urkunden als Belege an. Ss auch Leibniz z. Jahr 816, p. 305 unten. [3] Chron. Moiss.: Et facta est laetitia magna in populo in illo die. Erm. Nig. a. a. O. v. 75 ff. [4] Chron. Moiss.: Et cum omnia perfecisset, dimisit unumquemque, ut abirent in locum suum. [5] Lebhaft malt der sächsische Dichter dies nach seiner Auffassung aus: (Proceres) sibimet iam coniicientes, | Cari conspectum domini hunc esse supremum, | Intimo gemitus dederant animique dolentis | Pallenti signum facie meraeque presso..... Ora madent lacrimis falsa interdum gaudia veris =qq. P. I, 266. [6] Thegan. c. 6: Nun post multos dies dimisit eum ire in Aquitaniam. Anders des anon. vita Hlud. c. 20, nach welchem Bericht Ludwig erst im November entlassen sein soll. Das chron. Moiss., nachdem gesagt ist, dass Karl jeden Einzelnen entlassen habe, fährt fort: ipse (Karolus) autem resedit in Aquis palatino; nec einem längern Verweilen Ludwigs ist Nichts gesagt. Wo Einhard von der Herbstjagd Karls spricht, sagt er, dass er erst Ludwig entlassen habe (v. K. M. c. 30: Dimisso in Aquitaniam filio ipse — more solito venatum profecturus). [7] Thegan. l. l.: Antequam divisi essent, amplexantes se et osculantes, propter gaudium amoris flere corperunt. [8] Der Poeta Saxo sagt in der oben angeführten Stelle: (Karolus) regnum nimis amplificatum Prudenti nato pacemque reliquit amanti. [9] Ein. ann. a. ann. Laur. 813 p. 200.

noch jugendlichen Alter von zweiunddreissig Jahren in Mailand gestorben war, hatte Karl dessen unmündigen Sohn der sorgfältigen Erziehung und Vormundschaft der Brüder Abt Adalhard von Corbie und Graf Walach übergeben. Schon im Jahre 812 war er von diesen nach der italienischen Krönungsstadt Pavia geleitet worden und er trug seitdem den königlichen Namen.[1] Aber bei der Krönung Ludwigs zum Kaiser und Nachfolger Karls musste auch Bernhard feierlich in seiner Würde als König von Italien bestätigt werden. Adalhard vollzog diese Bestätigung der Würde an Bernhard und vermittelte seine Vermählung mit Kunigund.[2] Sie stiftete später, da sie bald Wittwe geworden war, das Alexanderkloster in Parma.[3] — Als Karl seinen Sohn entlassen hatte, wollte er, obwohl alt und gebrechlich, doch noch einmal die Freude der Jagd geniessen und am herbstlich-frischen Waldesduft seinen matter werdenden Odem neu beleben. Aber diesmal war es nicht, wie sonst meist, das weite Jagdgebiet des Arduennnwaldes (Ardennen), welches er zu diesem Zweck aufsuchte, sondern mit Rücksicht auf sein Fussleiden musste er die Wälder in der Umgegend von Aachen dazu ersehen. So verbrachte er den mittleren Theil des Herbstes, der ihm von Regierungsgeschäften noch übrig blieb, vom neunten October bis zum Ende des Monats.[4]

Bis Anfang November Karl auf der Jagd bei Aachen.

— Um den ersten November kehrte er in seine Pfalz nach Aachen zurück. Aber so lange sein Tag noch dämmerte, wollte er seine Kräfte grossen Zwecken widmen. Diese waren erstlich die Vorbereitung auf sein nahe gefühltes Ende durch Beten und Werke der Barmherzigkeit, und sodann seine eifrige Bemühung um die Verbesserung der alten Texte, vor allen Dingen der heiligen Schrift. Mit Bewunderung lesen wir das, was uns der gleichzeitige Thegan berichtet: „Karl hatte am Tage vor seinem Tode die vier Evangelien nach griechischen und syrischen Texten aufs beste corrigirt."[5] Offenbar führte Karl nur die Oberleitung über die philologischen Arbeiten, mit welchen griechische und syrische Gelehrte beauftragt waren; aber das Verdienst des Kaisers wird dadurch nicht geschmälert.

Karls letzte Thätigkeit.

Die Todtenschau dieses Jahres weist — abgesehen von dem muthmasslich hierin zu setzenden Hinscheiden des Kanzlers Ercambald[6] — das von mehreren Zeugen gemeldete Ableben des Erzbischofs Rikulf von Mainz nach, welcher von 787 — 813 an diesem Vorort der deutschen Kirche seine hohe Stelle verwaltet hatte. Noch am neunten Juni war er als Vorsitzender bei der Mainzer Synode thätig, am neunten August starb er.[7] Er gehörte zu Karls hervorragenden Räthen und trug, als Schüler Alkuins und als Mitglied des höflichen Gelehrtenkreises, den Namen Flavius Damoetas.[8] Es ist hier nicht auf Hincmars Anklage einzugehen, welcher ihn beschuldigt, die pseudoisidorischen Decretalen über die Pyrenäen gebracht zu haben.[9] Rikulfs Nachfolger Haistulf ist schon deshalb merkwürdig, weil er den trefflichen Hrabanus Maurus, welcher selbst aus der geistlichen Mutterstadt Deutschlands stammte, zum Priester weihte. Auch starb in diesem Jahre Egino oder Aino, Bischof

zu Todtenschau d. J. 813.

---

[1] Muratori Gesch. v. Ital. 813 und Gregorovius III, S. 16. Ann. Ein., Laur., Xant. a. 813.
[2] Hist. transl. S. Viti c. 10(P. II, 578). Factum est autem, postquam praefatus puer crevit, accepit ei uxorem; et constituit secundum iussionem principis super omne regnum. Dass dies kurz vor Karls Tod war, ergibt sich aus dem Folgenden: His ita gestis perrexit Romam..... Ubi rum moraretur — subito venit nuntius perniigero velato, afferens epistolam luctuosam nimis de morte Karoli imperatoris.
[3] S. v. Eckhart Fr. Or. zum Jahr 835; daz. II, 287. [4] Boehmer regesta Karolorum s. J 813. Ein. v. k. M. c. 31: Diminuo deinde in Aquitaniam filio, ipse more solito, quamquam senectute confectus, non longe a regia Aquensi venatum proficiscitur, exactoque in huiuscemodi negotio quod reliquum erat autumni, circa kalendas Novembris Aquasgrani revertitur. Die Stelle ist wichtig für die Chronologie. Mit dem Reichstag, der Krönung Ludwigs aus den wenigen Tagen, während welcher Ludwig noch bei dem Vater weilte, war schon ein Theil des Herbstes verflossen, da Karl den Rest des (mildern) Herbstes mit der Jagd hinbrachte. Dies spricht wieder dagegen, dass der Reichstag (nach den ann. Laur. min. I, 121) schon im August stattgefunden habe. Ohnehin herrscht in den kleinen Lorscher Annalen zum J. 813 keine Ordnung. Es ist daher anzunehmen, dass der Reichstag Ende September stattgefunden habe, die Krönung Ludwigs aber — die erst am Sonntag abgewartet werde — etwa in den ersten Tagen des October. [5] Thegan c. 7. p. 592: Postquam divini fuerant, domum imperator nihil aliud coepit agere, nisi in orationibus et eleemosinis vacare, et libros corrigere. Et quatuor evangelia Christi..... in ultimo ante obitum sui die cum Graecis et Siris optime correxerat. Thegan scheint nichts von der Jagd zu wissen. [6] S. oben N. 7, Ann. 3. [7] Ann. Laur. min. I, 121: Michelfus, archiepiscopus Magontiacensis ecclesiae, defunctus est 5 Idus Augusti. Ann. Wirceb. P. II, 240 (... cui Haistulfus successit). Ann. Quedlieb. [8] Alkuin stand mit ihm in Briefwechsel: Alc. epist. 39, 40, 181. cf. 41. [9] Hincm. opp. ed. Sirm. II, 476.

von Constanz, von hohem alamannischen Adel entsprossen. Er gehörte zu den Männern, denen Karl sächsische Gefangene anvertraute.[1] Nach zweiunddreissigjähriger Amtsführung folgte ihm Wolfleoz.[2]

Wie Karl nach allen Seiten hin bemüht war, die Werke der Kunst und Wissenschaft zu fördern, so hatte er sich auch mit grossem Eifer des Bauwesens, namentlich des Kirchenbaues, angenommen. Wenn wir daher hören, dass noch im Jahre 813 der Grund zu der merkwürdigen St. Quintinskirche zu St. Quentin im Vermandunischen Gau gelegt wurde, so muss uns auch die Begründung dieses erst nach dreizehn Jahren vollendeten Bauwerks an die Anregung erinnern, welche Karl auch in dieser Beziehung ausübte.[3] Dagegen wurde das Kloster zu Gent in Flandern völlig durch eine Feuersbrunst zerstört.[4] Fast gleichzeitig aber erhob sich ein neues Kloster in Septimanien, wo der Vorgang des heiligen Benoit von Aniane und namentlich Ludwigs solche Stiftungen sehr beförderte. Es war ein Marienkloster, welches ein Graf Bera und seine Gemahlin Romilla in Alet, vier Meilen südlich von Carcassonne, gründeten.[5]

So reich die innere Geschichte dieses Jahres ist, so wenig ist von Waffenspiel und Kriegszügen zu reden. Karl hatte es dahin gebracht, dass alle Nachbarn seinen Namen ehrten und seine Macht fürchteten. Nur im äussersten Süden brannte wider Mauren und Saracenen die Kriegsfackel fort und die oben berührten Vorgänge in den friesischen und sächsischen Marken liessen es ahnen, dass von Norden her noch manches Kriegsgewitter über den kaum bebauten Culturländern Sachsens und Frieslands sich entladen werde. Der Chalif von Cordova, El Hhakem, hatte, Karls Macht fürchtend, es für gut befunden, auf drei Jahre Frieden zu schliessen.[6] Die Raubzüge aber, welche die arabische Seemacht von Spanien und Afrika aus gegen Italiens Inseln und Küsten unternahm, veranlassten bald die Griechen, bald die Franken, sich gegen sie zu rüsten. Als die Saracenen mit vieler Beute von Corsica nach Spanien zurückkehrten, überfiel sie Irmingar, Graf von Emporium (Ampurias) bei der Insel Maiorica (Mallorca), nahm ihnen acht Schiffe ab und befreite die darin vorgefundenen gefangenen Corsen, über fünfhundert an Zahl.[7] Um für diesen Schlag Rache zu üben, verwüsteten sie die Stadt Centumcelle (Civita-vecchia) in Tuscien und Nicea (Nizza) an der Küste der Provence.[8] Auch auf Sardinien machten sie einen Angriff, wurden aber in einem Kampfe mit den Sarden völlig geschlagen und mussten Viele der Ihrigen auf dem Schlachtfeld zurücklassen.[9] So wurde der Friede nicht beobachtet und Abderrahman, El Hhakems Sohn, soll selbst mit seinen Schaaren ins südliche Frankreich eingedrungen sein.[10]

Wurden nun die mohammedanischen Seeräuber von den Franken und auf Sardinien mit Erfolg zurückgewiesen, so überfielen sie dagegen zuweilen ungestraft die kleineren griechisch-italienischen Inseln und die Besitzungen der Griechen auf dem italienischen Festlande. Ueber diese Ereignisse gab Leo III. von Rom aus an Karl ausführliche Nachricht. Er nennt diese afrikanischen Saracenen entweder Mauren, oder das Volk der Agarener. Zum richtigen Verständniss der berichteten Thatsachen erscheint ein Blick auf die damaligen Verhältnisse der mohammedanischen Welt nothwendig. Das Chalifat war gänzlich in der Auflösung begriffen und das leuchtende Gestirn seines Ruhmes neigte sich nach nicht sehr langem Laufe entschieden seinem Untergange zu. Noch einmal hatte Harun Arraschid, der Aaron fränkischer Chronisten, die Bewunderung der Mitwelt an seinen Namen geknüpft und die Herrschaft der Araber zu Ehren gebracht. Aber er war nach dreiundzwanzigjähriger Regierung am 23. März 809 gestorben; sein Nachfolger Mohammed Alemin wurde nach kurzer Zeit geschlagen, enthront und im März 813 getödtet, und nun kam Abd Allah Amamun zur Herrschaft.[11] Unter ihm hatte der Verfall des Chalifats schon sehr zugenommen.

---

[1] Pertz legg. I, 99. [2] Hermannus contr. ad a. 813; Ratperti. cas. St. Galli. P. II, 65. S. jedoch Rettberg, K. Gesch. II, 110. [3] Ann. St. Quintini Veromandensis 813, Pertz SS. IX: Hoc anno coepta est deri aecclesia Sancti Quintini 826. Hoc anno perfecta est. [4] Ann. Gand 813 P. II, 187: Totum coenobium Gaudense intestino incendio deuritur. [5] Foss a. a. O. Excurs 2. S. 41. [6] Ein ann. 812, Lembke, Gesch. v. Spanien I 382. [7] Ein. ann. 813; v. Illud. c. 25. [8] Nach der Weise Einhards, altclassische Benennungen und Verhältnisse auf seine Zeit zu übertragen, nennt er Nizza, civitatem provinciae Narbonensis. Eigentlich gehörte es zur Gallia Cisalpina und zum Gebiete der Ligurer [9] Ein. c. 813; an. v. Illud. c. 25. [10] En tierra de Narboa, Lembke I, 382. [11] Weil. Geschichte der Chalifen II, 165; 192 ff., 247.

An den Grenzen löste sich ein Reich nach dem andern los, in Afrika herrschte schon der zweite Aghlabite **Abul Abbas Abd Allah Jbn Jbrahim**.[1]) Dem äussern Zerfall entsprach die Zerrüttung im Innern. Haben uns nun auch die zu Anfang erzählten Ereignisse die Ohnmacht und Fäulniss des stolzen und prunksüchtigen griechischen Kaiserthums vor Augen geführt, so sehen wir, wie um das Jahr 813, wo das abendländische Reich und das germanische Europa stark und einig, voll regen Strebens und voll lebensfähiger Keime dasteht, sowohl das sudanische Reich der Araber, als das morgenländische Reich der Griechen m dem Zustande der Ermattung und Entkräftung erscheinen.

Die seeräuberischen Dränger Italiens, von denen **Leo** berichtet,[2]) kamen aus Afrika, **Die Mauren** also aus dem Reiche der Aghlabiten. Erst war ihre Absicht gewesen, sich gegen Sicilien **gegen Italien.** zu wenden; sie hatten sich aber anders besonnen und die kleinen, zu den Besitzungen der Griechen gehörenden Inseln Italiens überfallen. Der Kaiser Michael sandte einen Patricius und einen Spatharius nach Italien und forderte den Herzog **Anthimus** von Neapel zur Hülfe auf. Dieser aber suchte Ausflüchte und versagte seinen Zuzug.[3]) Wir erkennen daran, wie zweifelhaft die griechische Oberherrschaft in Neapel war. Von Amalfi jedoch und von Gaeta wurden Schiffe gestellt. Die Mauren überfielen und plünderten die kleine Insel Lampadusa zwischen Malta und dem afrikanischen Festlande. Sieben griechische Schiffe, welche man auf Kundschaft gegen die Mauren aussandte, wurden von den Letzteren genommen und die Bemannung niedergemacht. Als die Hauptmacht der Flotte lange vergeblich ihre Rückkehr erwartet hatte, brach sie endlich gegen den Feind auf und die christlichen Waffen gewannen den Sieg; alle Mauren sollen getödtet worden sein. Vierzig andere maurische Schiffe überfielen die Insel **Pontias** (Ponza) südlich vom Vorgebirge **Circello**, raubten was sie vorfanden und tödteten die Mönche, welche sich dort aufhielten. In ähnlicher Weise hausten die Piraten auf der **Isola Majore**,[4]) welche nur in geringer Entfernung von Neapel liegt. Hier hatten die Bewohner dieser Stadt ihre Heerden und Dienstleute. Mordend und plündernd hausten die Mauren vom 18. bis zum 21. August, ohne dass die Neapolitaner es gewagt hätten, etwas gegen sie zu unternehmen. Die Gaetaner, welche, nachdem die Feinde beutebeladen abgezogen waren, die Insel besuchten, fanden allenthalben die Leichen der Erschlagenen und die Spuren der Verwüstung.

In einem andern Briefe schrieb Leo an Karl über die zu Anfang erzählten griechischen Ereignisse. Leo musste wohl schlechte Gewährsmänner haben, denn seine Nachrichten erweisen sich als unzuverlässig und ungenau.[5]) Seinem eigenen Briefe fügte Leo auch zwei vom griechischen Patricius **Gregorios** bei, von welchen der eine an Leo, der andere an Karl gerichtet war. Der an Karl geschriebene war ohne Adresse und dem Papste zur Besorgung übergeben. Wir wissen nicht, was dieser Brief enthielt; aber Leo spricht die Vermuthung aus, der Grieche habe wohl deshalb die Adresse weggelassen, weil er nicht ohne das Geheiss seines Kaisers mit Karl öffentlich habe verkehren wollen.

Wir lesen auch, dass der sicilische Patricius mit den afrikanischen Saracenen einen **Frieden zwi-** Frieden auf zehn Jahre geschlossen habe. Der Erstere setzte aber wenig Zutrauen in die- **schen Mauren** sen Vertrag; denn, sagte er zu den maurischen Gesandten, es ist schon 85 Jahre her, dass **und Griechen** wir Friedensunterhandlungen mit den Saracenen schliessen, und doch sind dieselben nie beobachtet worden. „Was für ein Friede es nun sei, den ich jetzt mit euch geschlossen habe, weiss ich nicht."[6]) Die Unzuverlässigkeit solcher Unterhandlungen lässt sich aber leicht erklären, wenn man bedenkt, dass das Chalifat schon seit einiger Zeit in Verwirrung gerathen war, dass es verschiedene Gegenden und Reiche gab, aus welchen die Saracenen kamen, und dass endlich jedenfalls der grössere Theil derselben aus blossen Freibeutern bestand, die sich durch keinen Staatsvertrag gebunden hielten. Die maurischen Gesandten machten auch selbst geltend, dass sie mit den spanischen Saracenen auf feindlichem Fusse ständen. Noch berichtet ein Brief Leos vom 25. November dieses Jahres ziemlich unzuverlässig von den Vorfällen in Konstantinopel.[7]) Den Tod Haruns meldete Leo ebenfalls. Er leistete auf

---

[1]) Weil II, 247. [2]) Conci mon. dom. pont. II, ep. Leon. VI. 7 Sept. [3]) l.l.: Qui vero dux (Anthimus) occasiones proponens, in adiutorio eius ire contempsit. [4]) Diese italienische Namensform war also schon damals in Gebrauch. [5]) Jaffé regg. pontt. rom. p. 220 Nov. 11 u. 1928. Conci mon. II, 76. [6]) ll.: Nunc autem, quale vobiscum pactum faciamus, nobis incognitum est. [7]) Jaffé regg. a. 1929 p. 220 Nov. 25. Conci mon. II, 80.

5

solche Weise Karl wichtige Dienste, indem er ein aufmerksames Auge auf den Gang der italienischen Dinge, sowie der Vorgänge im Süden und Osten hatte, und Karl davon in Kenntniss setzte.

Oberste Rechtsgewalt in Rom und Umgegend im Namen des Kaisers ausgeübt. Was die sonstige Wirksamkeit und die Befugnisse Leos betrifft, so erfahren wir, dass er in seinem lateranensischen Palast in einem rein geistlichen Gericht Recht spricht.[1] Im Uebrigen hatte aber Karl in Rom die höchste Rechtsgewalt und liess sie durch einen ständigen Königsboten ausüben, welcher entweder in einem Saale des Lateran oder in einem für solche Zwecke besonders eingerichteten Gebäude bei St. Peter Recht sprach. Denn Karl hatte in Rom keinen grossen eigenen Palast erbauen lassen, weil ja Rom weder der Mittelpunct noch ein Hauptsitz seines Regiments war.[2] Alle römische Grosse erscheinen als Karls getreue Vassallen,[3] und auch in der unmittelbaren Nähe Roms entschied der Vertreter des Kaisers in den Gerichten. Zum Beweise dient die Entscheidung einer Streitsache zwischen dem Abt des Klosters Farfa und zwei Bürgern von Reate (Rieti). Sie geschah im Namen Karls durch seinen Königsboten Adalhard in einem zu Spoleto gegebenen Placitum.[4] Dieser ebenso fähige als treue Diener Karls hatte sich, nachdem er die Bestätigung Bernhards als König von Italien und dessen Vermählung mit Kunigund vermittelt hatte, nach Rom begeben. Nicht ausschliesslich religiöse Zwecke wollte er hier verfolgen, sondern er wollte mit dem erfahrenen Leo über die Zustände des Königreichs Italien sprechen. Da Bernhard noch sehr jung war, und Karls Tod als nahe bevorstehend angenommen werden musste, so bedurfte es wohl der Fürsorge für die Sicherheit Italiens.[5]

Vorzeichen von Karls Tode. Nicht lange liess die Nachricht vom Tode des alten Kaisers auf sich warten. Als Adalhard noch in Rom weilte, erreichte ihn die Trauerkunde, welche mit Flügelschnelle das weite Reich durchschütternd sich verbreitete. Der Glaube, den der grösste Dramatiker in seinen Werken oft zur Darstellung bringt, dass vor grossen Trauerereignissen sich Zeichen am Himmel und auf der Erde zutragen, erfüllte auch die Gemüther der Zeitgenossen Karls, und es ist darin ein Nachklang jenes heidnischen Glaubens an Prodigien nicht zu verkennen. So sollen denn allerlei Zeichen an Sonne, Mond und Sternen den nahe bevorstehenden Tod des Kaisers, den schon die bewundernde Mitwelt — ein seltenes Beispiel in der Geschichte — vielfach und fast unwillkürlich den Grossen nennt,[6] vorherverkündigt haben. Auch in Karls näherer und fernerer Umgebung deutete man allerlei Unfälle dahin, so — um Anderes nicht zu erwähnen — den Brand der Mainzer Rheinbrücke, die Zerstörung des Säulenganges zwischen dem aachener Palast und der Marienkirche am Himmelfahrtstage. So soll auch in der rothgemalten Inschrift auf dem Reife eines Kranzes, der zwischen dem oberen und unteren Bogen im Innern der aachener Kirche herumging, das Wort Princeps, das hinter dem Namen Karls als des Gründers der Kirche stand, ganz verlöscht sein. Auch traf ein Blitz die Marienkirche und schleuderte einen goldenen Apfel, welcher die Spitze des Daches schmückte, hinab auf das anstossende Pfarrgebäude.

Karls Tod 28. Jan. 814. Die Zeitgenossen legten viel Werth auf diese Zeichen und der gebildete Einhard erzählt sie uns ausführlich.[7] Karl aber achtete ihrer nicht und meinte nicht, dass sie auf ihn Bezug hätten.[8] Gewiss fühlte er aber sein Ende nahe. Noch einmal, jedoch vergeblich, versuchte er die Heilkraft der Bäder, die ihm den Aufenthalt in Aachen so angenehm machten: in dem allzustrengen Winter dieses Jahres,[9] am 28. Januar 814 sank die sterbliche Hülle des 71jährigen Heldengreises in das Grab. Das Ereigniss liegt schon über die Grenzen unserer Aufgabe hinaus; aber noch mögen hier zum Schluss die Worte stehen, mit welchen eine Handschrift der Lorscher Jahrbücher den Bericht von Karls Tode begleitet: „Niemand," so

---

[1] Im Mai des Jahres 813; Jaffé regg n. 1927 p. 220. [2] Gregorovius III, S. 8 — 9 mit Anmerkung 1. [3] Inventum est, ut omnes maiores Romae essent imperiales homines, et ut seu minus omni tempore moraretur Romae; libellus de imp. pot. in Urbe Roma. (Vergl. Pertz SS. III, p. 719 — 721.) [4] v. Eckhart F. Or. II, 85 — 86 setzt es in die ersten Tage des Jahres 814. Ueber Adalhards treue Dienste s. vita Adalhardi, P. II, 527. [5] Hist. transl. St. Viti c. 10, P. II, 578: Perrexit Romam, non solum orationis causa, sed etiam ut cum venerabili viro Leone papa conferret de necessitate regia et plebis. [6] Eine reiche und lehrreiche Sammlung von Belegstellen bei Waitz V. G. III. 94 n. 2. [7] Ein. v. K. M. c. 32. [8] II.: Sed superiora omnia aic' aut dissimulavit aut sprevit, ac si nihil horum ad res suas quolibet modo pertineret. [9] Ann. Xantenses 813 P. II, p. 224: Hiemps nimia dura.

heisst es dort, „kann es berichten, wie gross das Klagen und Trauern um ihn war auf der ganzen Erde, auch bei den Heiden wurde er betrauert, als der Vater des Erdkreises." Wir spüren schon in der Seele dieses alten Berichterstatters etwas von der Empfindung, welche in der Folge den reichen Schatz von Liedern und Sagen gebar, der wie ein Strahlenkranz das Grab des Kaisers umleuchtete. Der Zusatz „der Grosse" fehlte natürlich nicht auf dem Bogen, der sich bald über seiner Grabesstätte in der aachener Marienkirche wölbte.[1])

---

[1]) Ein. v. K. M. c. 30 und 31.

Schulnachrichten.

I. Chronik des Gymnasiums.

Das neue Schuljahr begann Donnerstags den 24. April. Wie jedes Jahr nahm auch in dem verflossenen die ganze Anstalt an der kirchlichen Feier sowohl des Busstages als des Himmelfahrtstages und des Missionsfestes, ebenso wie auch an dem bei Gelegenheit der Niederlausitzer Pastoralconferenz abgehaltenen Gottesdienste Theil. Auch an der Jahresfeier des Provinzialvereins der Gustav-Adolf-Stiftung, welche den 23. und 24. Iuni in unsrer Stadt veranstaltet wurde, betheiligte sich die Schule. Den 4. August begann die schriftliche Abiturientenprüfung. Das mündliche Examen wurde den 28. August unter dem Vorsitz des Herrn Provinzial-Schulraths Dr. *Tschirner* abgehalten. Der Schluss des Sommersemesters erfolgte Mittwoch den 24. September, an welchem Tage von 10 Uhr ab Vertheilung der Censuren, Versetzung der Schüler und Entlassung der Abiturienten stattfand. Das Wintersemester nahm seinen Anfang Donnerstag den 9. October. Das schriftliche Abiturienten-Examen begann den 22. Januar; das mündliche ist den 11. März unter Vorsitz des Herrn Superintendenten *Ebeling* abgehalten worden. Den 14. Februar sprach der Director zu den versammelten Schülern über die Bedeutung des Hubertsburger Friedens; am 15. betheiligte sich die Schule nicht nur an der kirchlichen Feier, das Lehrercollegium und die beiden obersten Klassen schlossen sich auch dem Festzuge an. Die Feier des 17. März und die Vorfeier des Geburtstages Sr. Majestät hat die Schule durch einen öffentlichen Redeactus in angemessener Weise begangen.

Wie schon im vorjährigen Programm angedeutet wurde, ist für unsre Schule das wichtigste Ereigniss des abgelaufenen Jahres die Theilung der Tertia in eine Ober- und Untertertia. Indem ich dieselbe nochmals als eine von dem gesammten Lehrercollegium freudig begrüsste Einrichtung bezeichne, spreche ich aber zugleich auch wiederholentlich den Wunsch und die Hoffnung aus, es möge. endlich gelingen, den weitern berechtigten Forderungen durch den Neubau des Gymnasiums in nächster Zukunft zu genügen; es möge endlich sich erfüllen, dass die Anstalt in Räume übersiedeln darf, die nicht, wie die ihr gegenwärtig zugewiesenen, bezeichnet werden müssen als unwürdig eben so des Instituts, das sie beherbergen, wie der Bedeutung der Stadt, der sie zur Zierde gereichen sollten.

Von dem schon seit langen Jahren segensreich wirkenden Gymnasial-Hülfsverein haben im Sommer-Semester 1862 neun Schüler aus Prima und Secunda zusammen 64 Thlr. erhalten und zwar die Abiturienten *Frits Sonntag*, *Boll* und *Max Sonntag* jeder 10 Thlr.; der Primaner *Piper* 8 Thlr., der Primaner *Bergmann* 6 Thlr., die Secundaner *Geldner*, *Bölke*, *Sternberg*, *Dölle* je 5 Thlr. Indem ich für diese Unterstützung würdiger und bedürftiger Schüler meinen aufrichtigsten Dank sage, bin ich zugleich so glücklich, anzeigen zu können, dass eine neue Vereinigung wohlthätiger Männer sich gebildet hat, welche eine Unterstützung tüchtiger Schüler in etwas erweiterten Kreisen als der obengenannte Verein beabsichtigt.

Auch der Unterstützung eines Abiturienten durch einige nicht genannt sein wollende Wohlthäter habe ich mit Dank zu erwähnen.

Die Bücherprämien, welche an dem Osterexamen ohne Rücksicht auf die Bedürftigkeit vertheilt wurden, konnten, wie im letzten Programm dankend hervorgehoben wurde, in Folge der Munificenz zweier Freunde des Gymnasiums reichlicher als gewöhnlich ausfallen. Ausgezeichnet durch dieselben wurden die Primaner *Pauli* und *Hubatsch*, die Secundaner *Petsch I.* und *Petsch II.*, die Tertianer *Weisflog*, *Sieburg* und *Dölle*, der Quartaner *Max Koch*, die Quintaner *Wuth* und *Kühn* und die Sextaner *Hotz*, *Kittan* und *Leuschner*. Auch für die diesjährige Vertheilung hat der eine der genannten Herren wiederum Schillers Werke zugesagt und spreche ich ihm im Namen des gesammten Lehrercollegiums hiermit meinen herzlichsten Dank aus.

Die Vertheilung der Ferien hat in folgender Weise stattgefunden: Osterferien vom 10. April bis 23. April incl., Pfingstferien vom 7. Juni bis 11. Juni incl., Sommerferien vom 3. Juli bis 30. Juli incl., Michaelisferien vom 24. September bis 8. October incl., Weihnachtsferien vom 22. December bis 4. Januar incl.

2· Mittheilungen aus den Verfügnngen der Behörden.

22. März. Mittheilung des Circularerlasses Sr. Excellenz des Herrn Ministers des Innern in Bezug auf die Betheiligung an den Wahlen zum Hause der Abgeordneten. **25. Juni:** Candidaten des höhern Schulamts dürfen selbst interimistisch nicht angestellt werden, wenn sie nicht die Erfüllung der Militärpflicht oder die Befreiung von derselben nachweisen. K. P. S. C. **4. August:** Aufforderung zum Bericht über Einführung der Stenographie als facultativen Unterrichts-Gegenstandes an Gymnasien. K. P. S. C. 23. Octbr.: E. K. P. S. C. gestattet, dass der Cantor der Oberkirche Herr *Fromm* den Gesangunterricht am Gymnasium, wie im verflossenen Sommersemester, auch ferner ertheilt. 31. October: Für Zöglinge von Gymnasien stellt behufs der Anmeldung zum Dienste als einjährige Freiwillige nicht mehr die Polizeibehörde, sondern der Director das Sittenzeugniss aus. K. P. S. C. 24. November: Anfrage eines Wohll. Magistrates wegen Erneuerung des Wohltäterfestes. 9. Januar 63: Verfügung über den deutschen Unterricht mit namentlicher Betonung der Nothwendigkeit, der philosophischen Propädeutik eine grössere Aufmerksamkeit zu widmen, als auf manchen Gymnasien bisher geschehen ist. K. P. S. C. 3. Februar: Verfügung über die Feier des 15. Februar und des 17. März, 4. Februar: Empfehlung des Klödenschen Handbuchs der Erdkunde. K. P. S. C. 12. Februar: Anfrage, ob Unterbeamte der Anstalt an den Freiheitskriegen Theil genommen. K. P. S. C.

· 3. Lehrplan im Schuljahr 1862—63.
a. obligatorische Lectionen.

I PRIMA.

Religion 3 St. Glaubenslehre nach Thomasius. Wiederholung früher gelernter Sprüche und Lieder. *Braune*. *Deutsch* 3 St. Im Sommer Uebersicht über die bedeutendsten Erscheinungen aus der deutschen Poesie des Mittelalters. Im Winter Lectüre Klopstockscher Oden und des Lessingschen Laocoon mit einleitenden Uebersichten über das Leben und die Bedeutung Klopstocks und Lessings. — Ausserdem freie Vorträge über Stoffe aus der Geschichte, der klassischen und deutschen Litteratur. Correctur der vierwöchentlichen Aufsätze. Uebungen im Disponieren. *Purmann*. *Latein* 8 St. Horaz Oden, lib. 2 & 3. 12 Oden wurden auswendig gelernt. 2 St. *Purmann*. Cic. Verr. V & de orat. lib. II. 3 St. *Rotter*. Correctur der vierwöchentlichen freien Aufsätze und mündlichen Uebersetzen aus Seyffert's Uebungsbuch. 1 St. *Rotter*. Wöchentliche Exercitia, metrische Uebungen und Extemporalia. 2 St. *Purmann*. *Griechisch* 6 St. Hom. Ilias I—VI. 2 St. Ausserdem XXII—XXIV. und XIV—XVI. privatim. Thucyd. L 1—124. Dem. Ol. I—III. Phil. L 3 St. Wöchentliche Exerc. oder Extemp. Lehre von den tempp. mod. inf. part. 1 St. *Braune*. *Französisch* 2 St. Grammatik nach Plötz II, 6—9. Alle 14 Tage ein Scriptum, daneben alle Vierteljahre 2 Extemp. Beauvais, histoire moderne; Sprechübungen. *Koch*. *Geschichte und Geographie* 3 St. Wiederholung der griechischen, römischen und brandenburgisch-preussischen Geschichte. Geographische Repetitionen. 1 St. Geschichte der Deutschen mit Einfügung der wichtigsten Momente aus der Geschichte der andern Völker von 1493 p. C bis 1815. Nach *Dittmar*. *Purmann*. *Mathematik*. 4 St. Im S. Arithmetik. Im W. Stereometrie. Nach *Kambly*. Jede Woche abwechselnd eine häusliche Arbeit oder ein Extemporale. *Bolse*. *Physik* 2 St. Astronomie und mathem. Geographie. Statik und Mechanik fester und flüssiger Körper. Akustik. *Bolse*.

II. SECUNDA.

Religion. 2 St. Das Reich Gottes unter dem neuen Bunde, nach Thomasius. Erklärung einzelner Abschnitte des N. T. nach dem Urtext. Wiederholung früher gelernter Sprüche und Lieder. *Braune*. *Deutsch* 2 St. 3wöchentliche Aufsätze, freie Vorträge, Uebungen im Disponieren. Lectüre von Schiller's Wallenstein und Schillers Tell. *Buchholz*. *Latein* 10 Stunden. Liv. XXI. Cic. Cat. maj. Liv. XXII. Cic. Cat. I. II. 4 St. Synt. cas. et mod. Einzelnes aus der Synt. orn. nach Zumpt. 1 St. Wöch. Exerc. Extemp. Mündl. Uebersetzungen aus Suepfle. Freie Arbeiten. 2 St. *Braune*. Virgil.

Aen. IV. V. Metrische Uebungen. 3 St. *Buchholz. Griechisch* 6 St. Herodot lib. VII. Cyrop. lib. I. 2 St. Homer Od. VIII—X & XI 1—476, XIII. XX—XXII. In jedem Semester wurden 120 Verse memoriert. 2 St. Wöchentl. abwechselnd ein Exerc. oder ein Ext. Das Wichtigste aus der Lehre von den Casus u. Mod., nach Buttmann. 2 St. *Hölzer. Französisch* 2 St. Grammatik nach Plötz II, 3—5. Alle 2 Wochen ein Scriptum, daneben alle Vierteljahre zwei Ext. Beauvais, histoire ancienne.*Koch. Geschichte und Geographie* 3 St. Repetit. der neuern, speziell der Brandenb. Preuss. Geschichte. Geographische Repetitionen. 1 St. Gesch. der Römer bis 476 p. C. 2 St. Nach Dittmar. *Hölzer. Mathematik* 4 St. S. Arithmetik bis zu den quadratischen Gleichungen. W. Ebene Geometrie beendet und ebene Trigonometrie. Nach Kambly. Schriftl. Arb. wie in Prima. *Bolze. Physik* 1 St. S. Von der Wärme. W. Magnetismus, Electricität und Galvanismus. *Bolze.*

III. OBERTERTIA.

Religion 2 St. S. Lectüre und Erklärung der Apostelgesch. W. Das Wichtigste aus der Kirchengeschichte. Memorieren v. 2 Psalmen. S. u. W. Repetition der früher gelernten Lieder und Sprüche und der Hauptstücke. *Rotter. Deutsch* 2 St. Satzlehre. Erklärung und Einübung von Gedichten, besonders von Schiller und Uhland. 2wöchentl. Arbeiten. *Hölzer. Latein* 10 St. S. Cæsar B. C. mit Auswahl. W. Cic. Cat. maj. 3 St. Casuslehre u. Lehre v. d. Temporib. u. Mod. nach Ferd. Schulz. Vocabeln und Loci memoriales. 2 St. Wöchentl. Exerc. Ext. alle 14 Tage. 2 St. *Rotter.* Ovid Met. X—XIV., mit Auswahl. 2 St. Metrische Uebungen. 1 St. *Hölzer. Griechisch* 6 St. S. Casuslehre. W. verba anomala nach Buttmann. 2 St. Wöchentl. Scripta oder Extemporalia 1 St. Xen. Anabasis lib. I—III. 3 St. *Rotter. Französisch* 2 St. Plötz II. 1—2. Alle 14 Tage ein Ex. alle Viertolj. 2 Ext. Charles XII. lib. IV. & V. *Koch. Geschichte und Geographie* 3 St. Geschichte der neuern Zeit mit besonderer Berücksichtigung der brandenb.-preuss. Gesch. von 1555—1815. Repetition der alten und mittlern Geschichte nach den Tabellen von Hirsch. 2 St. Geogr. der aussereurop. Erdtheile nach Meinicke. 1 St. *Hölzer. Mathematik* 3 St. Ebene Geometrie: von der Gleichheit der Figuren und Einiges vom Kreise. Arithmetik: von den Potenzen und Logarithmen und von den Gleichungen des ersten Grades mit einer unbekannten Grösse. Lehrb. Kambly. Häusl. Arb. u. Ext. *Bolze.] Naturgeschichte* 2 St. S. Botanik. W. Mineralogie. Lehrb. Schilling. *Bolze.*

IV. UNTERTERTIA.

Religion 2 St. S. Erklärung des 2. Hauptst. W. Lectüre u. Erklärung des Ev. Lucae im Lutherschen Uebers. Daneben Memorieren von Psalmen, Liedern und Sprüchen. *Koch. Deutsch* 2 St. Einübung des zusammengez. Satzes nach dem Leseb. von Gude und Gittermann. Erklärung u. Einüb. Schillerscher u. Uhlandscher Gedichte. 2wö. Arbeiten. *Koch. Latein* 10 St. Caesar B. G. lib. VI. W. lib. I. 3 St. Grammatik nach Ferd. Schulz (Casuslehre u. Lehre v. d. Temporib. u. Modis). 2 St. Wö. Exerc. Extemp. 2 St. *Buchholz.* Ovid. Met. lib. I—III. mit Auswahl. Metrische Uebungen. 3 St. *Koch. Griechisch* 6 St. Jacobs Leseb. II. Abschn. A. 3 bis 6, b. V. 2 St. Grammatik nach Buttm. Repet. u. Vervollständigung des vom verb. purum u. mut. Gelernten, verba contracta, liquida, verba auf μι. 2 St. Wö. abwechselnd Exerc. u. Extemp. 1 St. *Koch. Französisch.* 2 St. Grammatik nach Plötz I, 5. Wö. abwechselnd Exerc. u. Ext. *Jacobs. Geschichte und Geographie.* 3 St. Geschichte des Mittelalters von 375—1517. Repetition der alten Geschichte nach den Tabellen von Hirsch. 2 St. Repet. der Geogr. von Europa. 1 St. *Hölzer. Mathematik.* 3 St. Ebene Geometrie: von der Parallelität und der Congruenz der Dreiecke. Arithmetik: entgegengesetzte Grössen, Ausziehen der Kubik- und Quadratwurzeln. Lehrb. Kambly. *Bolze. Naturgeschichte.* 2 St. S. Allgemeine Zoologie und Beschreibung der Säugethiere. W. Beschreibung der übrigen Thierklassen. Lehrb. Schilling. *Bolze.*

V. QUARTA.

Religion 2 St. S. Bibelkunde des N. T. und die Festkunde. W. Bibelkunde des A. T. und Geographie von Palæstina. Das vierte und fünfte Hauptstück. Memorieren von Sprüchen und Liedern. Repetit. der ersten 3 Hauptstücke. *Rotter. Deutsch* 2 St. Einübung der Satzlehre und Interpunction am Lesebuch. Uebungen im Nacherzählen u. im Vortragen erlernter u. erklärter Gedichte. 2wö. Arbeiten. *Behm. Latein* 10 St. Nepos 4 St. Gramm. nach Ford. Schulz. (Casuslehre u. d. Wichtigste aus der Lehre v. d. Temporib. u. Modis), verbunden mit mündl. Uebungen. 4 St. Wöchentl. Exerc. u. Extemp. 2 St. *Behm. Griechisch* 6 St. Jacobs Leseb. I. Abschn. 2 St. Gramm. nach Buttmann bis zu den verbis pur. Wö. eine schriftl. Arb. 4 St. *Behm. Französisch* 2 St. Gramm. nach Plötz I, 3. & 4. Wö.

abwechselnd Ex. und Ext. *Jacobs. Gesch. und Geo.* 3 St. S. Gesch. der Griechen. W. Geschichte der Römer. Im Anschluss an die Tabellen von Hirsch. 2 St. Geographie der aussereurop. Erdtheile im S. Europas im W. nach Meinicke. 1 St. *Jacobs. Rechnen* 4 St. Decimalbrüche und kaufmännisches Rechnen. *Gosky. Zeichnen* 2 St. *Gosky.*

VI. QUINTA.

Religion 3 St. Bibl. Gesch. des N. T. 2. u. 3. Hauptst. Memorieren von Sprüchen u. Liedern. *Jacobs. Deutsch* 2 St. Einübung der Redetheile, des einf. Satzes, der Interp. am Leseb. Uebung. im Nacherzählen und im Vortrage erklärter und erlernter Gedichte. Wö. Arbeiten oder Dictate. *Jacobs. Latein* 10 St. Wiederholung und Vervollst. der Formenlehre nach Ferd. Schulz. (Namentl. verba anomala u. defectiva). 4 St. Uebungen im Uebers. aus dem Leseb. Vocabellernen. 3 St. W. Ex. u. Ext. 2 St. *Jacobs.* Mündl. Uebungen in der Formenlehre. 1 St. *Purmann. Französisch* 3 St. Grammatik nach Plötz I, 1 & 2. Wöch. Ex. u. Ext. *Jacobs. Geographie* 3 St. S. Europa mit Ausschluss von Deutschland. W. Deutschland. Nach Meinicke. *Koch. Rechnen* 4 St. Die 4 Species in Brüchen und deren Anwendung auf die grade und ungrade Regel de tri, im Kopf und im Heft. *Gosky. Schreiben* 3 St. *Gosky. Zeichnen* 2 St. *Gosky. Singen* 1 St. *Fromm.*

VII. SEXTA.

Religion 3 St. Bibl. Gesch. des A. T. 1. Hauptst. Lieder u. Sprüche. *Gosky. Deutsch* 2 St. Einübung der Redetheile, des einfachen Satzes, der Interp. am Leseb. Uebungen im Nacherzählen u. Vortragen erklärter und erlernter Gedichte. Wö. Aufsätze oder Dictate. *Buchhols. Latein* 10 St. Formenlehre excl. der verba anomala, nach der Grammatik u. d. Leseb. v. Ferd. Schulz. Wö. Ex. u. Ext. nur in der letzten Hälfte des Sem. *Buchhols. Geo.* 3 St. Allgemeine geogr. Vorbegriffe. Die aussereurop. Erdtheile nach Meinicke. *Behm. Rechnen* 4 St. Die 4 Species in benannten und unbenannten Zahlen. *Schreiben* 3 St. *Gosky. Zeichnen* 2 St. *Gosky. Singen* 1 St. *Fromm.*

b. facultative Lectionen.

1) Hebräisch. Prima 2 St. Psalm 14—30. l. Sam. 7—15. Verba anomala. Suff. Nom. und Verb. Das Nothwendigste aus der Synt., w. Ex. oder Anal. u. Uebers. Vocabell. — *Secunda* 2 St. Grammatik bis zu den unregelm. Verb.; w. eine Arb., Vocabell. Gesenius Lesebuch 5, a — f. Grammatik v. Gosen. *Braune.*

2) Englisch. I. Abth. 2 St. Gramm. nach Fölsing. Schriftliche Uebungen. Shakspeare's Coriolan. — *II. Abth.* 2 St. Gramm. und Lectüre nach Fölsing Theil I. Ex. u. Ext. *Hölzer*

3) Wendisch 6 St. Der Unterricht berücksichtigt vorzugsweise das Bedürfniss der künftigen Theologen. — *Kl. I.* 2 St. aus I. und II. Wiederholung der Formenlehre, Synt. der Casus, Uebers. aus dem Lehrbuche, Uebungen in der Conversation; gelesen wird haupts. die heil. Schrift, die 3wö. schriftl. Arbeiten schliessen sich an das A. T. an. — *Kl. II.* 2 St. aus III. und IV. Wiederholung u. Vervollst. der Formenlehre: Präpos., Conjunct., mündliche und 4wö. schriftliche Uebers., sich anschliessend an das Lehrbuch und die Exercitien. — *Kl. III.* 2 St. aus V. und VI. Lautlehre, Declination des Artikels, des Haupt- und Eigenschaftsworts, Comparation, Zahlwort, ja §om, 1. und 2. Conjug., Uebers. aus dem Lehrb., Exerc., Vocabellernen. *Dahle.*

4) Zeichnen S. 2 St. für Schüler aus I—III. *Gosky.*

5) Singen 1 St. für Schüler aus I—IV. Vierstimmiger Gesang. *Fromm.*

c. Turnen.

Das Turnen des gesammten Schülercoetus kann nur im *Sommer* stattfinden auf einem von einem Wohll. Magistrate zu diesem Zwecke gemietheten Platze. Den Unterricht ertheilt der Turnlehrer *Dr.* Hölzer wöchentlich zweimal in je 2 Stunden. Eben derselbe hat aber auch in diesem *Winter* zur bessern Ausbildung von Vorturnern die sich dazu eignenden Schüler in der freundlichst bewilligten Turnhalle des Turnvereins wöchentlich einmal turnen lassen. Den Schluss des Sommerturnens machte im vorigen Jahre den 17. September ein sehr wohlgelungenes Schauturnen.

d. Themata zu deutschen und lateinischen Aufsätzen in I. und II.

1) Deutsche Themata. I. 1) Lucius Papirius Cursor und Quintus Fabius Maximus. Nach Livius VIII, 30—35. 2) Worin liegen die Segnungen, aber auch die Gefahren des Friedens? 3) Welche Vorzüge haben Fussreisen vor allen andern Arten des Reisens? (Classenarbeit). 4) Die mannichfache Benutzung der Dampfkraft in ihrem Einfluss auf die Entwickelung des modernen Lebens. 5) Gustav Adolph ermuthigt sein Heer vor der Schlacht bei Lützen. 6) Warum soll auch der Reichste einen bestimmten Beruf wählen. 7) (Classenarbeit). Der Reichthum, eine grosse Gunst des Schicksals. 8) Können die Homerischen Gedichte auf uns denselben Eindruck machen, wie auf die Griechen? 9) Brief eines Freiwilligen der Jahre 13 u. 14 an seine Eltern. 10) Durch welche äussere Züge sucht Schiller in der Jungfrau von Orleans die Sendung derselben als eine göttliche zu bezeichnen?

II) 1) Das Meer ein Bild des menschlichen Lebens. 2) Ueber Wallensteins Selbstgespräch in Wallenst. Tod. I. Aufz. 4. Auft. Ueber den Unterschied der Wörter, Uebersetzen, Uebertragen, Verdeutschen. 4) (in der Klasse). Wer Feuer haben will, muss Rauch leiden. 5) Chrie. 6) Themistocles Rede vor der Schlacht bei Salamis. 7) Gedicht, die Schlacht bei Salamis betreffend. 8) Alles in der Welt lässt sich ertragen, nur nicht eine Reihe von guten Tagen. 9) (In der Klasse.) Man sucht oft in der Ferne, was man in der Nähe hat. 10) Aen. V, 1—103 in fünffüssigen Jamben übersetzt. 11) Ueber die erste Scene des 2. Aufz. von Schill. W. 12) Chrie. 13) (In der Klasse). Des Jungen Lob sich mehret, wenn er die Alten ehret. 14) Scipio auf den Trümmern Carthagos. Zugleich metrisch.

2) Lateinische Themata. I. 1) Alexandri in Asiam expeditiones quantum litteris profuerint. 2) Fortunae rotam esse pertimescendam. 3) Graeciae principatum quae civitates deinceps quibusque rebus adeptae sint. (Klassenarbeit). 4) Carolum primum, Francorum regem, cognomine Magni dignissimum esse. 5) Multo plura in Augusto laudanda, quam vituperanda esse. 6) De Christophori Columbi meritis. 7) De causis, quae Imperii Romani occidentalis interitum adduxerint. 8) Quibus causis factum esse videatur, ut ex bello Peloponnesiaco Lucedaemonii victores evaderent. Klassenarbeit. 9) De bellis ad Hispaniam subigendam primum a Poenis, postea a Romanis gestis. 10) Quae fuerint vincula, quibus omnes Graeciae civitates inter se continerentur.

e. Themata zu deutschen und lateinischen Aufsätzen und mathematische Aufgaben der Abiturienten.

1) Deutsche Themata. Unterhaltungsbücher sind unsre Freunde, aber auch unsre Feinde. Welche Berechtigung hat der Ausspruch Niebuhr's, dass Griechenland das Deutschland des Alterthums sei?

2) Lateinische Themata. Lycurgi et Solonis instituta inter se conferantur. Quomodo factum sit, ut Romani ex bello Punico altero victores discederent.

3) Mathematische Aufgaben: Michaelis 1862. 1) Ein Dreieck zu construiren, wenn gegeben sind die Differenz der durch die Höhe bewirkten beiden Abschnitte der Grundlinie und die beiden andern Seiten. 2) Die Summe dreier ganzer Zahlen, welche eine stetige Proportion bilden, beträgt 19; multiplicirt man dieselben nach der Reihe mit 4, 3 und 2, so ist die Summe der entstandenen Produkte 52, welche Zahlen sind es? 3) Quer vor einem Thurme hat man eine Standlinie von 90 Fuss, an deren Endpunkten die nach dem Fusspunkte der Thurmspitze gezogenen Linien Winkel von $35°\ 26'\ 21''$ und $56°\ 33'\ 10''$ mit der Standlinie einschliessen An dem dem Thurme zunächst gelegenen Endpunkte erhebt sich die Thurmspitze unter einem Winkel von $65°\ 23'\ 4''$; wie hoch ist der Thurm? 4) Ein Brunnenkessel hat drei Fuss inneren Durchmesser und liegt einen Stein dick, er ist 26 Fuss hoch und 20 Fuss hoch mit Wasser gefüllt; wie viel Steine sind zu seinem Bau erforderlich gewesen, wie viel Wasser befindet sich in demselben, und um wie viel würde es steigen, wenn 100 Quart mehr hinein kommen? *Ostern 1863:* 1) Ein Dreieck zu construiren, wenn der Umfang ein Winkel und die durch seinen Scheitel gehende Höhe gegeben sind. 2) Ein Körper wird mit einer Anfangsgeschwindigkeit von 1200 Fuss senkrecht empor getrieben, in welcher Höhe hat er noch eine Geschwindigkeit von 180 Fuss? 3) Ein Geschoss wird aus einem Geschütz getrieben, welches einen Elevationswinkel von $26°\ 23'\ 14''$ hat; dasselbe soll einen Punkt treffen, der sich in einer Entfernung von 26180 Fuss befindet; welche Anfangsgeschwindigkeit muss man dem Geschoss geben, und bis zu welcher Höhe wird es auf seiner Bahn steigen? 4) Ein gerader Kegel von Sandstein hat einen Umfang der Grundfläche von 120 Fuss und eine Seite von 40 Fuss, wie gross ist seine Stabilität? 5) Es sind zwei sich schneidende Kreise gegeben, man soll einen Kreis finden, welcher beide berührt und zwar den einen in einem gegebenen Punkte. Zugleich sollen die geometrischen Oerter der Mittelpunkte aller berührenden Kreise bestimmt werden.

— 43 —

f. Verzeichniss der eingeführten Lehrbücher und Hilfsmittel.

Religion. I. Thomasius. Grundl. 1. N. T. gr. II. Thomas, Grundl. 2. Bibel. III—VI. Bibel. Katechismus. 80 Kirchenlieder. Bachmanns Spruchsammlung. *Deutsch* III. Gude und Gittermanns Leseb. obere, IV—VI. mittlere Stufe. *Latein* I. II. Zumpt's Grammatik. III—VI. Ferd. Schulz' Gr. und IV-VI. dessen Lesebuch. Seyffert's Uebungsbuch für Secunda. Süpfle's Aufgaben zu lateinischen Stilübungen. *Griechisch* I—IV. Buttmann's mittlere Grammatik und III. u. IV. Jacobs Elementarbuch. *Hebräisch* I. Gesenius Gramm. und Codex. II. Gesen. Gr. u. Lesebuch. *Französisch* das Lehrbuch von Plötz. Lesebuch von Beauvais. *Englisch* Fölsings Lehrb. der englischen Sprache. *Wendisch* Duhle's kleines Lehrbuch. *Geschichte* die Tabellen von Hirsch. Dittmar's Weltgeschichte im Umriss. *Geographie* Meinicke's Leitfaden. *Mathemathik* Kambly's Elementar - Mathematik. Das practische Rechenbuch von Vogel u. Brennecke. *Physik* (nach den Vorträgen des Lehrers). *Naturgeschichte* Schilling's Naturgeschichte.

---

4. Vermehrung des Lehrapparats.

1) Gymnasial-Bibliothek. Ausser den Programmen der Schulen und Universitäten des Inlandes und den Programmen des Auslandes sind von den vorgesetzten K. Behörden geschenkt worden: Crelle's Journal 60, 4., Henr. Stephan. Thes. I. 11, Rud. Stillfried, Stammtafel des Zollern - Nürnberg - Brandenburgischen Hauses, dem die Monarchen Preussens entsprossen. — Aus eigenen Mitteln sind angeschafft: Fortsetzungen von Mützell's Zeitschrift, N. Jahrb. f. Philol., Stiehl's Centralblatt, Grimm's Wörterbuch, Geschichtschreiber der deutschen Vorzeit, Rhein. Museum XVII. XVIII., 1. Soph. ex rec. G. Dind. T. I— II., Eurip. ex rec. G. Dind. I—III., Iliad. C. XVI. scholarum in usum restit. ed. Arm. Köchly, Christ's Griechische Lautlehre, G. Curtius, Griech. Etymologie, v. Sydow's Wandkarte von Europa, Topographischer Atlas der Schweiz Sect. 14, Bauerkeller's Handatlas Nr. 37 u. 44, Pouillet-Müller, Lehrbuch der Physik v. Metcorol. — Als Geschenke sind zugesendet worden: von der Oberlausitzschen Gesellschaft der Wissenschaften zu Görlitz: Neues Lausitz. Magazin 39, 1. 2., 40, 1., wie schon im vorigen Jahr der 38. Band; von Verlagsbuchhandlungen: Moritz, Götterlehre; Aurus und Gnerlich, Deutsches Lesebuch 1., Seydlitz, Schulgeographie und kleine Schulgeogr., Kambly, Elem. Math. 4. Th., Kleine Naturgeschichte (Kleinere Ausg. von Schilling's Grundriss der Naturgesch.), K. und L. Seltzsam, deutsches Lesebuch; Wagler, Schulbuch für den deutschen Unterricht. Von Herrn Sanitätsrath Dr. *Leuschner:* Philosophische Meditationen von Fortlage.

2) Die Bibliotheca Wendica ist vermehrt worden durch Рýß Dźiеśôw Сербо - Łужусłiʤ von Boguslawsky. Petersburg 1861. Geschenk des Verfassers.

3) Für die Schüler - Lesebibliothek sind folgende Bücher neu angeschafft worden: Das Leben der Griechen und Römer v. Guhl u. Koner 1 Bd. Weltgeschichte von Becker, neu herausgegeben von A. Schmidt. Bilder aus der deutschen Vergangenheit von G. Freytag 2 Bde. Neue Bilder aus dem Leben des deutsch. Volkes von G. Freytag 1 Bd. Universal-Kalender von A. v. Eck 1 Bd. Geschichte der deutschen Poesie v. Cholevius 2 Bde. Verordnung über die Erziehung der Offiziere 1 Bd. Karte v. Afrika v. Henry Lange. Populäre Astronomie v. Mädler. Romane v. Bulwer 110 Bändchen. Ludwig d. Baier v. P. Heyse. Gudrun von O. v. Rutenberg. Sagenbuch der Lausitz v. Karl Haupt. Wanderungen durch die Mark Brandenburg v. Fontane. Der neue deutsche Jugendfreund v. Franz Hoffmann. Das Illustrirte Goldne Kinderbuch 8 Bde. Neue Jugend - und Hausbibliothek v. Otto 2 Bde. Deutsche Jugendzeitung für 1862 von Fabricius. Erzählungen, Blüthen, kleine Schauspiele von Christ. v. Schmidt. Der Jugend Lust und Lehre von Masius.

4) Die Schulbücher-Leihbibliothek ist auch in diesem Jahre durch Geschenke früherer Schüler der Anstalt nicht unerheblich vermehrt worden.

5) Für den physikalischen Apparat ist neu angeschafft: Beugungsgitter, Lineal von Uranglas, kleine Leydener Flasche, Ruhmkorff'scher Funkeninduktor, vier Geisslersche Röhren nebst Vorrichtung zur Aufstellung.

5. Vertheilung der Stunden unter die Lehrer
im Winter-Semester 1862—63.

Lehrer.	I.	II.	IIIa.	IIIb.	IV.	V.	VI.	Sa.
1. Dir. Purmann, Ord. I.	3 Deutsch. 4 Latein. 2 Griech. 3 Gesch.					1 Latein.		13
2. Pror. Prof. Brasse, Ord. II.	2 Religion. 4 Griech. 2 Hebr.	2 Religion. 7 Latein. 2 Hebr.						19
3. Conr. Dr. Bolse.	4 Mathem. 2 Physik.	4 Mathem. 1 Physik.	3 Mathem. 2 Naturg.	3 Mathem. 2 Naturg.				21
4. Subr. Dr. Rotter, Ord. IIIa.	4 Latein.		2 Religion. 7 Latein. 6 Griech.			2 Religion.		21
5. Subconrect. Dr. Koch, Ord. IIIb.	2 Französ.	2 Französ.	2 Französ.	2 Religion. 2 Deutsch. 3 Latein. 6 Griech.				19
6. G.-L. Dr. Hüttner.	2 Englisch.	6 Griech. 3 Gesch. 2 Englisch.	2 Deutsch. 3 Latein. 3 Gesch.	3 Gesch.				24
7. G.-L. Bohn, Ord. IV.					2 Deutsch. 10 Latein. 6 Griech.		3 Geogr.	21
8. G.-L. Dr. Jacobs, Ord. V.				2 Französ.	2 Französ. 3 Gesch.	2 Religion. 2 Deutsch. 9 Latein. 3 Französ.		24
9. Lehrer Gosky.	2 Zeichnen (für Schüler aus I—IIIb.)				3 Rechnen. 2 Zeichnen.	4 Rechnen. 2 Schreiben. 2 Zeichnen.	3 Religion. 4 Rechnen. 2 Schreiben. 2 Zeichnen.	26
10. Wissensch. Hilfslehrer Buchholz, Ord. VI.		2 Deutsch. 3 Latein.		7 Latein.			2 Deutsch. 10 Latein.	24
11. H.-L. Dahle, wendischer Lehrer.	2 Wendisch.		2 Wendisch.			2 Wendisch.		6
12. Gesanglehrer Cantor Fromm.	1 Singen (für Schüler aus I—IV.)					1 Singen.	1 Singen.	3

6. Uebersicht der statistischen Verhältnisse des Gymnasiums.

Lehrer.	Fächer.	Allgemeiner Lehrplan im Winter-Semester 1862—63. Klassen und Stunden.									Schüler			Verhältnisse der Abiturienten.			
		I.	II.	III. a	III. b	IV.	V.	VI	Summa.	in	Sommer-Sem.	Winter-Sem.	Es wurden entlassen	Studiren		wof	was?
a. ordentliche Lehrer.	Religion	2	2	2	2	2	3	3	16	I.	32	32	mit dem Zeugnisse der Reife 13	Berlin	9	Theologie	4
1. Dir. Dr. Purmann.	Deutsch	3	2	2	2	2	2	2	15	II.	51	51		Breslau	1	Philologie	3
2. Prof. Prof. Braune.	Lateinisch	8	10	10	10	10	10	10	68	III.				Greifswald	1	Jura	1
3. Cour. Dr. Bolze.	Griechisch	6	6	6	6	6	—	—	30	a.	34	33		Halle	1	Medicin	3
4. Subr. Dr. Rotter.	Französisch	2	2	2	2	3	—		13	III.						Naturwis-	
5. Subcour. Dr. Koch.	(Hebräisch	2	2	—	—	—	—		4)	b.	47	36				senschaft	1
6. G-L. Dr. Hölzer.	(Wendisch			2		2		2	6)	IV.	63	55				Forstfach	1
7. G-L. Bohm.										V.	44	51					
8. G-L. Dr. Jacobs.	(Englisch	2	2	—	—	—	—		4)	VI.	41	45					
9. Lehrer Gosky.	Geschichte u. Geogr.	3	3	3	3	3	3	3	21								
b. wissensch. Hilfslehrer.	Mathematik u. Rechnen	4	4	3	3	3	4	4	25		314	323		13		12	13
10. H-L. Buchholz.	Physik und																
11. H-L. Dahle.	Naturkunde	2	1	2	2	—	—	—	7								
c. technischer Lehrer.	Zeichnen			2		2	2	2	8								
12. Cantor Fromm.	Singen			1			1	1	3								
	Schreiben	—	—	—	—	—	3	3	6								
		30	30	30	30	30	31	28	226								

Zu der Zahl der Stunden kamen im Sommer noch hinzu für jede Klasse 4 Stunden Turnen. Im Winter wurden die als Vorturner Auszubildenden in einer Stunde wöchentlich unterrichtet. Die Parenthese deutet an, dass die betreffenden Stunden facultativ sind; nur die obligatorischen Stunden sind in den einzelnen Reihen gezählt.

Die Schüler sind sämmtlich bis auf 3 jüdische Knaben evangelisch. Für das Schuljahr 1862—63 blieben 273 Schüler; dazu kamen im Lauf des Sommer-Semesters 41; es waren mithin im Sommer 314. Am Schluss des Semesters blieben 285; es kamen im Lauf des Winters hinzu 38.

7. Abiturienten.

Unter dem Vorsitz des Herrn Provinzial-Schulraths Prof. Dr. Txschirner bestanden am 28. Aug. 1862: 5; unter dem Vorsitz des Herrn Superintendenten Ebeling am 11. März 1863; 8 Primaner das Maturitäts-Examen. Im 2ten Termin wurde dem 5ten und 6ten die mündliche Prüfung erlassen.

Name.	Alter. Jahre.	Con-fession.	Geburtsort.	Stand des Vaters.	Aufenthalt in der Schule. Jahre.	Aufenthalt in Prima. Jahre.	Studirt was?	Studirt wo?
Johannes Bolt	20	ev.	Sommerfeld	Lehrer	7½	2½	Theologie	Berlin.
Max Sonntag	17	ev.	Kottwitz	Prediger	9	2	Philologie	Berlin.
Theodor Tröger	21	ev.	Cottbus	Schuhmachermstr.	9	2	Theologie	Berlin.
Herm. Zschiedrich	19½	ev.	Guben	Mühlenbesitzer	9½	2	Medicin	Greifswald.
Otto Hubert	19½	ev.	Leckau	Prediger	6	2	Philologie	Breslau.
Albert Lortzing	19	ev.	Cottbus	Reg.-Geometer	8½	2½	Jura	Berlin.
Karl Wichmann	19	ev.	Branitz	Ober-Amtmann	8½	2½	Medicin	Berlin.
Herm. Jacubasch	19	ev.	Graustein	Prediger	8	2½	Medicin	Berlin.
Emil Müller	19	ev.	Tamsel	Cantor	10	3	Theologie	Berlin.
Paul Piper	19	ev.	Spremberg	Lehrer	6	2	Philologie	Berlin.
Oscar Habutsch	17	ev.	Landsberg a w.	Rendant	6	2	Naturwissensch.	Berlin.
Max Pauli	18	ev.	Lübben	Kaufmann	6	2	Theologie	Halle.
Adolph Gurnik	18	ev.	Guschau	Förster	6½	2	Forstfach	

8. Ordnung der Prüfung und Vorträge.

Montag den 30. März, Vormittags von 8 Uhr:
II. *Religion. Browne.* Virgil. *Buchholz.*
I. Homer. *Purmann.* Mathematik *Bolze.*
IIIa. Cato maj. *Rotter.* Englisch. *Hölzer.*
IIIb. Griechisch. *Koch.* Naturgeschichte. *Bolze.*

Nachmittags von 2 Uhr an:
IV. Griechisch. *Behm.* Geschichte. *Jacobs.*
V. Latein. *Jacobs.* Rechnen. *Gosky.*
VI. Latein. *Buchholz.* Wendisch. *Dahle.*

Mittwoch den 1. April, Vormittags von 7 Uhr ab:
Vertheilung der Censuren in den einzelnen Klassen, dann Versetzung und Jahresschluss.
Von 10 Uhr ab: Entlassung der Abiturienten.
Abit. *Lortzing:* Lateinische Rede.
Abit. *Wichmann:* Französische Rede.
Abit. *Jacubasch:* Deutsches Gedicht.
Abit. *Piper:* Hebräisches Gedicht.
Abit. *Hubatsch:* Griechische Ode.
Abit. *Pauli:* Deutsche Rede.
Abit. *Gurnik:* Lateinische Ode.

Das neue Schuljahr beginnt Donnerstag, den 16. April. Die Aufnahme neuer Schüler erfolgt den 14. und 15. April.
PURMANN.

Alphabetisches Verzeichniss der Schüler nach den Klassen.

Prima.
1. Bergmann, Albert.
2. Grassmann, Hugo
3. Geldner, Albert.
4. Gurnik, Adolph.
5. Haunding, Friedrich.
6. Hubatsch, Oskar.
7. Jacubasch, Hermann.
8. Jaemcke, Eugen.
9. Jahr, Hugo.
10. Knöchel, Otto.
11. Korreng, Martin.
12. Kowallek, Hermann.
13. Krüger, Reinhold.
14. Kubitz, August.
15. Lortzing, Albert.
16. Müller, Emil.
17. Panchke, Paul.
18. Pauli, Max.
19. Petsch I., Theodor.
20. Petsch II., Alexander.
21. Piper, Paul.
22. Ruff, Clemens.
23. Salbey, Robert.
24. Schulze, Ernst.
25. Schmidt, Hermann.
26. Spitzner I., Hermann.
27. Spitzner II., Georg.
28. Spitzner III., Emil.
29. Starcke, Julius.
30. Sternberg, Wilhelm.
31. Viedebantt, Louis.
32. Wichmann, Carl.

Secunda.
1. Bülke, Oswald.
2. Brühl, Paul.
3. Dietrich, Paul
4. Dülle, Raimar.

5. Dressler, Robert.
6. Ebeling I., Martin.
7. Ebeling II., Fritz.
8. v. François, Bruno.
9. Glarz, Wilhelm.
10. v. Gersdorff, Edwin.
11. Hartnick, Theodor.
12. Haynemann, Eugen.
13. Herya, Carl.
14. Jenitzsch, Hermann.
15. Knempffe, Heinrich.
16. Karras, Theodor.
17. Kühn, Hermann.
18. Kirchner, Georg.
19. Klahre, Georg.
20. Knoll, Paul.
21. Kobligk, Otto.
22. Künstler, Paul.
23. Kunstmann, Theodor.
24. v. Leupoldt, Conrad.
25. Leuschner, Paul.
26. Liersch, Paul.
27. Linde, Adolph.
28. Moritz, Gustav.
29. Mudra I., Ernst.
30. Mudra II, Waldemar.
31. Müller, Arndt.
32. v. Normann, Fritz.
33. v. Normann, Wilhelm.
34. Nowel, Friedrich.
35. Palm, Wilhelm.
36. Quitzke, Alwin.
37. Riedel, Emil.
38. Roedenbeck, Alfred.
39. Sauer, Heinrich.
40. Scheibner, Felix.
41. Seelig, Fritz.
42. Sieborg, Hermann.
43. Seyffert, Otto.
44. Spitzner, Gustav.

45. Stange, Paul.
46. Sternberg, Fritz.
47. Thieme, Curt.
48. Waldow, Heinrich.
49. Weisflog, Carl.
50. v. Werthern, Hugo.
51. Wolf, Emil.

Obertertia.
1. Burscher, Friedrich.
2. Clemens, Hermann.
3. Dahle, Theodor.
4. Duch, Hermann.
5. Engelhardt, Gustav.
6. Jahn, Moritz.
7. Jahr, Richard.
8. Haunding, Hermann.
9. Klihm, Johannes.
10. Koch, Georg.
11. Koepke, Albert.
12. Koppe, Gustav.
13. Krüger, Richard.
14. Lappe, Franz.
15. Müller I., Curt.
16. Müller II., Hermann.
17. Nawor, Theodor.
18. Otto, Paul.
19. Petsch, Georg.
20. Reet, Paul.
21. Rippert, Hermann.
22. Ritscher, Emil.
23. Rudolph, Martin.
24. Ruff, Hermann.
25. Schilow, Richard.
26. Schleblich, Paul.
27. Schwedler, Hermann.
28. Strassner, Feodor.
29. Struck, Richard.
30. Troeger, Julius.

31. Voigt, Reinhold
32. Weise, Hugo.
33. v. Wiedebach, Curt.

Untertertia.
1. Angermann, Gustav.
2. Büttcher, Immanuel.
3. Büttcher, Paul.
4. Blasius, Hugo.
5. Dierke, Rudolph
6. Elkoss, Rudolph.
7. Grassmann, Paul.
8. Gräss, Friedrich.
9. Haunding, August.
10. Haussig, Albert.
11. Haeger, Emil.
12. Heine, Albert.
13. Hennig, Hermann
14. Höfer, Curt.
15. Huhn, Adolph
16. Klingmüller, Emil.
17. Kobligk, Adolph
18. Kobligk, Ernst
19. Koch, Carl.
20. Koch, Max.
21. Krause, Emil.
22. Krüger, Albert.
23. Krüger, Oskar.
24. Kurtzhalss, Johannes.
25. Lachmann, Julius.
26. v. Leyser, Curt
27. Liersch, Albert.
28. Liersch, Paul
29. Liersch, Oskar
30. Liersch, Theodor.
31. Malin, Alfred.
32. Meyer, Ernst.
33. Mielentz, Albert.
34. Mildbräd, Hermann.

35. Mund, Heinrich.
36. Mund, Richard.
37. Nitschke, Emil.
38. Oehmichen, Gustav.
39. Otto, Alfred.
40. Resch, Paul.
41. Richter, Paul.
42. Schiemenz, Otto.
43. Schramke, Richard.
44. Schulze, Ernst.
45. Starcke, Richard.
46. Stäber, Carl.
47. Sternberg, Heinrich.
48. Thieme, Alfred.
49. Trierenberg, Arthur.
50. Vogt, Gustav.
51. Weber, Heinrich.
52. v. Werdeck, Ernst.
53. Winzer, Ernst.
54. v. Winkler, Hugo.
55. Wutk, Bernhard.
56. Zeidler, Otto.

Quarta.

1. Boehm, Otto.
2. Böttcher, Moritz.
3. Bolze, Hans.
4. Bruchmann, Theodor.
5. Bruchmann, Alfred.
6. Collani, Max.
7. Dierks, Paul.
8. Duboack, Julius.
9. Engelhardt, Paul.
10. Fisch, Hermann.
11. Friedland, Otto.
12. Fritze, Gustav.
13. Gruscke, Paul.
14. Janke, Albert.
15. Kaempf, Paul.
16. Kahle, Gustav.
17. Kiess, Oskar.
18. Kniepf, Franz.
19. Kniepf, Gustav.
20. Koch, Alfred.
21. Koerner, Julius.

22. Krüger, Wilhelm.
23. Kühn, Paul.
24. Kuntze, Ernst.
25. Liersch, Victor.
26. v. Loeben, Paul.
27. Luckner, Adolph.
28. Mettke, Johann.
29. Nicolai, Gustav.
30. Pank, Georg.
31. Pannwitz, Paul.
32. Petsch, Bernhard.
33. Prenzel, Theodor.
34. Proschwitz, Adalbert.
35. Richter, Paul.
36. Richter, Bernhard.
37. Riedel, Paul.
38. Raschick, Paul.
39. Scheidemantel, Adolph.
40. Schmidt, Paul.
41. Schulze, Julius.
42. Schulze, Reinhold.
43. Schulz, Eduard.
44. Schuppan, Carl.
45. Seiffert, Franz.
46. Spitzner, Franz.
47. Triebel, Rudolph.
48. Trierenberg, Richard.
49. Trostorff, Carl.
50. Wahn, Alfred.
51. v. Werdeck, Alfred.
52. Winzer, Paul.
53. Wolff, Robert.
54. Zeidler, Hugo.
55. Zippel, Albert.

Quinta.

1. Apitz, Julius.
2. Bohnstedt, Konrad.
3. Kombe, Paul.
4. Broeske, Paul.
5. Cramer, Walter.
6. Crüger, Nestor.
7. Döring, Adolph.
8. Dreifert, Friedrich.
9. Gebhardt, Julius.

10. v. Gladiss, Fritz.
11. Gosslau, Oswald.
12. v. Gladiss, Franz.
13. Grünenthal, Max.
14. Holz, Emil.
15. Jaenicke, Paul.
16. Karrass, Johannes.
17. Kittan, Arthur.
18. Kobligk, Hermann.
19. Koerner, Emil.
20. Kowallek, Adolph.
21. Korreng, Matthes.
22. Krüger, Hermann.
23. Krüger, Otto.
24. Laschky, Friedrich.
25. Leuschner, Georg.
26. Liersch, Georg.
27. Liersch, Max.
28. Liersch, Otto.
29. v. Loeben, Max.
30. Loewa, Gustav.
31. Lortzing, Gustav.
32. Luckner, Leo.
33. Menzel, Paul.
34. v. Mosch, Rudolph.
35. Müller, Hugo.
36. Pech, Bernhard.
37. Püsch, Friedrich.
38. Resch, Clemens.
39. Richter, Georg.
40. Rossmann, Hermann.
41. Ruff, Anton.
42. v. Schlieben, Richard.
43. Schoenberg, Ernst.
44. Schrebian, Paul.
45. Schulze, Paul.
46. Spitzner, Fritz.
47. Stephan, Johannes.
48. Struck, Hellmuth.
49. Vogel, Richard.
50. Vogt, Paul.
51. Wolf, Paul.

Sexta.

1. Batsch, Christlieb.

2. Batsch, Johannes.
3. Bolze, Gerhard.
4. Duch, Albert.
5. Gebhardt, Paul.
6. Geldner, Emil.
7. Goldstein, Emil.
8. Hagen, Aurel.
9. Happatz, Johannes.
10. Herrlich, Reinhard.
11. Heymann, Ernst.
12. Hoffmann, Albert.
13. Kahle, Wilhelm.
14. Klingmüller, Hermann.
15. Köhler, Paul.
16. Küpsch, Oswald.
17. Kreitz, Adolph.
18. Keuck, Paul.
19. Kuhne, Hugo.
20. Krautz, Gustav.
21. Kunstmann, Otto.
22. Ladewig, Karl.
23. Lehmann, Friedrich.
24. Matting, Martin.
25. Melke, Hermann.
26. Müller, Alfred.
27. Müller, Arthur.
28. Neumann, Paul.
29. Otto, Benno.
30. Pannwitz, Richard.
31. Proschwitz, Oskar.
32. Richter, Hugo.
33. Rodig, Max.
34. Rodig, Paul.
35. Schneider, Oskar.
36. Schramke, Oskar.
37. Schmidt, Paul.
38. Serno, Otto.
39. Stäber, Bernhard.
40. Struck, Leo.
41. v. Wackerbarth, Adolph.
42. v. Wackerbarth, Henry.
43. Wecker, Albert.
44. Werner, Wilhelm.
45. Zimmermann, Edmund.